ANGELIKA SCHMID-NEUHAUS

Massage für Pferde

KOSMOS ratgeber

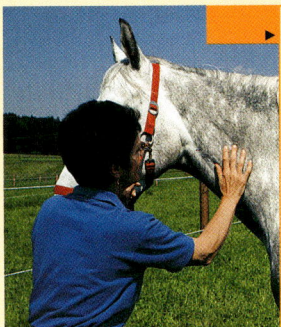

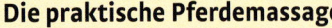
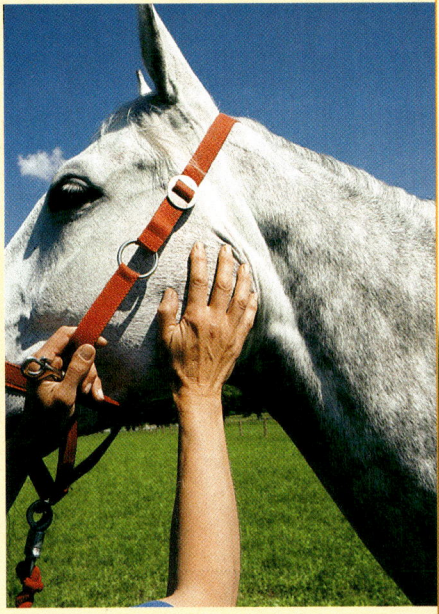

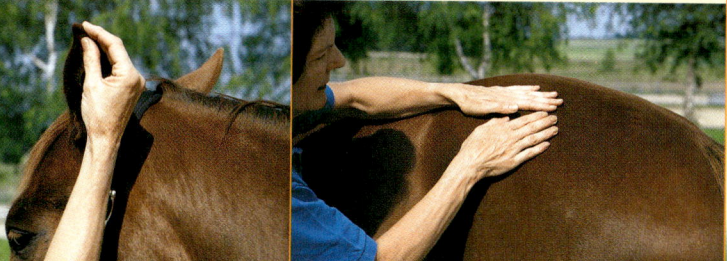

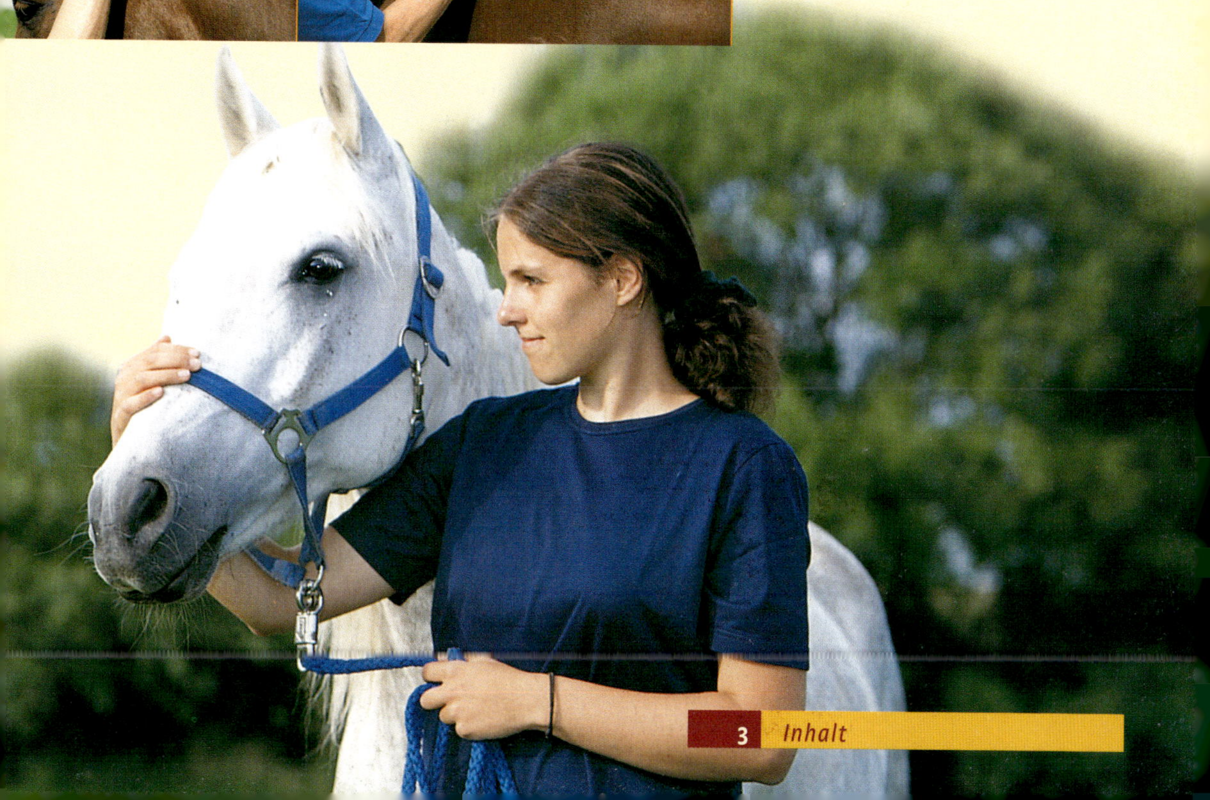

massieren

Pferdemassage wurde nicht neu erfunden, um möglicherweise noch einen weiteren Markt im Dunstkreis des Pferdemanagements zu eröffnen. Im Gegenteil: Es ist bekannt, dass Kavalleriepferde im 19. Jahrhundert von Stallburschen nach „alter Manier" abgerieben oder massiert wurden. So wurden sie auch für Schlachten zu Pferd vorbereitet und hinterher gepflegt. Ihr Energiepotenzial wurde auf diese Weise wieder ins Gleichgewicht gebracht und der Stress abgebaut.

Massage *früher* und *heute*

Die hervorragende Ausbildung dieser wertvollen Pferde nahm sehr viel Zeit in Anspruch. Deshalb sollten sie möglichst lange gesund bleiben. Massage und Abreibungen halfen schon damals, Verspannungen zu lösen sowie die Leistungsfähigkeit der Pferde zu erhalten oder sogar noch zu steigern.

Heutzutage haben wir unsere Pferde im Allgemeinen nicht mehr auf Schlachten vorzubereiten, doch die Stressfaktoren sind trotzdem nicht viel weniger geworden. Sie haben sich geändert, aber das alte Muster, auf Stress zu reagieren, ist gleich geblieben. Das gilt sowohl für uns Menschen als auch für Pferde und andere Lebewesen.

Wir reagieren auf Stress mit der Bereitstellung von Energie zu „Kampf oder Flucht". Das ist ein Mechanismus, den sich die Natur ausgedacht hat, um uns alle Reserven zum Überleben zur Verfügung zu stellen. Diese perfekte Organisation funktioniert, solange die bereitgestellte Energie auch physisch verbraucht wird. Sie sichert unsere

Aufmerksam gespannt und mit bereitgestellter Energie beobachtet dieses Pferd seine Umgebung.

Lebensfreude oder Befreiung von Verspannungen? Der Fuchs entledigt sich seiner überschüssigen Kräfte.

Stärke in Kampf oder Flucht, aber auch zur Bewältigung von anderen außerordentlichen Situationen. In Notsituationen können wir deshalb ungeahnte Kräfte entwickeln.
Werden diese Kräfte auch tatsächlich benötigt, dann sind Angebot und Nachfrage ausgeglichen. Der Organismus kehrt nach einer gewissen Zeit wieder zum normalen Ablauf zurück.

Wenn aber die bereitgestellte Energie nicht verbraucht wird, hat das Folgen für den Organismus. Der Körper muss diese Energie irgendwie loswerden, ganz gleich, ob er sich dadurch schadet oder nicht. Er wendet sie schließlich gegen sich selbst: Die Muskeln werden angespannt, auch wenn keine Taten folgen. „Zähne zusammenbeißen" und „Ohren steif halten", um mit der Situation fertig zu werden, sind nur zwei Beispiele. Die häufig vorkommenden Halswirbel-, Schultergürtel- und Rückenschmerzen sind Folgen dieser Muskelanspannung, die bald zur Verspannung wird. Ein Tipp: Wenn Sie verärgert, wütend oder verzweifelt sind, dann nutzen Sie die Kräfte, die daraus resultieren. Wenn das nicht möglich ist, dann laufen Sie möglichst einige Male in den dritten Stock oder tun Sie sonst etwas, um die bereitgestellte Energie zu verbrauchen!

Buckeln baut Stress ab
Buckeln und Durchgehen der Pferde sind oft als Stressreaktion zu verstehen. So gesehen ist es ein Glücksfall für den Energiehaushalt der Pferde, wenn sie sich auf diese Weise ihrer überschüssigen Kräfte entledigen dürfen. Aber wir erlauben es ihnen ja nicht, wenn wir die Wahl haben! Vor allem, wenn wir draufsitzen und um unsere eigene Sicherheit bangen müssen. Durch unsere Erziehung schaffen wir Pferde, die im Umgang mit uns funktionieren und unsere Wünsche als die eines Ranghöheren respektieren sollen. Sie sind uns ausgeliefert. Nur weil sie so friedliebende soziale Wesen sind, können wir dies mit ihnen tun.

Das ist auch das Problem der Pferde. So groß und stark sie sind, so kommunikationsbereit sind sie auch. Sie leben innerhalb zweier wichtiger Naturgesetze: Sie sind Herdentiere und Fluchttiere. Sie suchen den Schutz der Herde und flüchten bei Gefahr. Verletzungen dieser Instinkte erzeugen Stressreaktionen, die im Laufe der Zeit zu Gesundheitsschädigungen führen können, wie es zum Beispiel Muskelverspannungen sind. Um deren Vermeidung und Heilung geht es in diesem Buch.

Was bewirkt Massage?

○ Durch Massage werden die Durchblutung und der Stoffwechsel gefördert.

○ Der Lymphfluss wird angeregt.

○ Die Ausscheidung von Stoffwechselschlacken wird verstärkt und beschleunigt.

○ Die Energieversorgung der Zellen wird gesteigert.

○ Bindegewebsverklebungen, die den Blutfluss blockieren, werden gelöst.

○ Die Kontraktionskraft der Muskeln (= Kraft, sich zusammenzuziehen) wird vergrößert.

○ Sehnen, Bänder und Gelenke, die mit den Muskeln in Zusammenhang stehen, werden positiv beeinflusst.

○ Verkrampfte Muskeln werden entspannt, damit wieder genügend Blut durchfließen kann.

○ Schlaffe Muskeln werden zur Tätigkeit angeregt.

○ Das Nervensystem wird durch die Berührung aktiviert.

○ Damit wirkt Massage auch auf die Psyche.

Kommunikation über die Haut

Die Haut ist das größte Organ des Körpers. Sie schützt das Innere und bildet die Grenze nach außen. Um ihre Schutzfunktion optimal zu erfüllen, ist sie mit vielen Sensoren ausgestattet, die der Steuerungszentrale, dem Gehirn, Meldung erstatten. Durch Tasten und Berühren machen wir Lebewesen unsere Erfahrungen mit der Umwelt.

Wir lernen, was wehtut, aber auch, was angenehm ist. Das Gleiche gilt, wenn wir berührt werden. Auch hier werden Signale ans Gehirn gesendet, die etwas über die Qualität der Berührung melden. Angenehme Berührung löst einen Entspannungszustand aus, während eine Ohrfeige eher Anspannung und die Energie zum Zurückschlagen bereitstellt. Warum? Weil die Nerven der Haut und der Muskeln sehr empfindlich für jegliche Art von Berüh-

Ihrer Reiterin gelassen und aufmerksam lauschend, marschiert die Paint Horse-Stute Versary über die saftige Wiese.

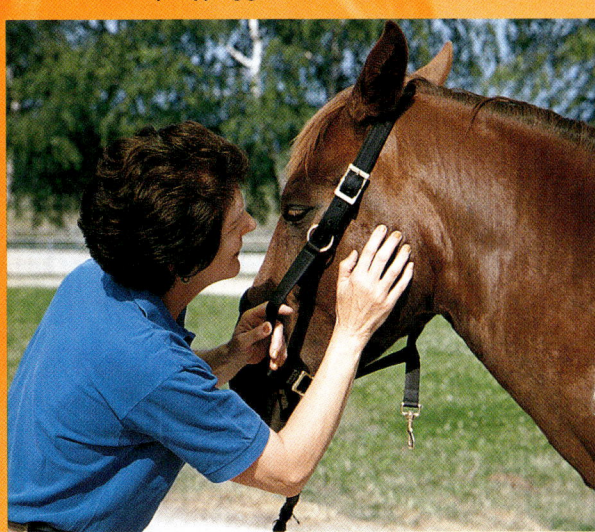

Vertrauensvoll hingegeben genießt Ruby meine Gesichtsmassage. Die Augen sind halb geschlossen und die Ohren nicht auf Empfang gestellt.

rung sind. Sie sind das Nachrichtensystem und reagieren auf alles, was zwischen innen und außen passiert.

Massage ist eine Form von Tasten

und Berühren. Wie wichtig Berührung ist, wissen wir alle aus eigener Erfahrung. Berührung tut gut, löst Verspannungen und macht fit. Wer kennt nicht zum Beispiel Verspannungen in Schulter und Rücken? Da sehnt man sich nach Erleichterung. Eine entspannende Massage kann die Schmerzen lindern und uns wieder bewegungsfreudiger machen.

Unsere Pferde reagieren genauso.

Auch sie leiden unter allen möglichen Arten von Stress. Dies führt zu Verspannungen und Schmerzen im Bewegungsapparat. Die Folge davon wiederum ist die Einschränkung der Bewegungen auf das Maß, welches am wenigsten schmerzt. Wenn die Verspannungen noch gering sind, werden Sie als Pferdebesitzer nicht viel bemerken. Die Arbeit dieser verspannten Muskeln muss aber ständig von anderen Muskeln übernommen werden, die nicht dafür vorgesehen sind. Diese Hilfsmuskeln werden damit überfordert und reagieren ebenfalls mit Verspannungen. Die Muskelverspannungen greifen immer weiter um sich, und die Bewegungsfähigkeit des Pferdes wird dadurch mit der Zeit immer mehr eingeschränkt.

Wie gut Ihrem Pferd dann eine entspannende Massage tut, werden Sie schon nach den ersten Versuchen schnell feststellen. Ein weiterer Vorteil des Massierens ist, dass Sie schon früh kleineren Verspannungen auf die Spur kommen und sie lösen können.

Es hat geklappt: Die Botschaft an Mimis Muskeln, stärker zu arbeiten und die Tritte zu verlängern, ist angekommen.

Was kann Massage?

Durch Massage werden die Durchblutung, der Lymphfluss und die Nerven angeregt. Das heißt, dass dadurch die Haut, die unter der Haut liegenden Schichten, die Muskeln, ja selbst die im Körperinneren liegenden Organe besser mit Sauerstoff und Nährstoffen versorgt werden. Stoffwechselschlacken und andere Abfallprodukte werden schneller abtransportiert und über die Atemluft, die Haut und die Schweißdrüsen entsorgt. Als Folge davon bekommen die Muskeln mehr Spannkraft, ermüden langsamer, entspannen sich schneller, und Schmerzen werden ge-

lindert. Durch die Berührung bei der Massage werden so genannte „Schmerzkiller" aktiv, welche die Schmerzimpulse überlagern. Das ist der Grund, warum sich das Pferd nach einer Massage leichter und lockerer bewegen kann.

Natürlich können Sie durch Massage keine Muskeln neu aufbauen, aber Sie schaffen bessere Voraussetzungen dafür. Sie werden das feststellen können, wenn Sie Ihr Pferd vor dem Training massiert haben. Lassen Sie etwas Zeit zwischen Massage und Reiten vergehen, damit die Stoffwechselprodukte entsorgt werden können.

Wie entstehen Verspannungen?

Um ihre Aufgabe, nämlich Bewegung, zu erfüllen, müssen sich die Muskelzellen mit Hilfe von Sauerstoff zsammenziehen und wieder entspannen. Mit dem Blut gelangen der Sauerstoff und auch die Nährstoffe in die Zellen. Die Abfallprodukte werden mit dem Blut abtransportiert.

Das ist der Ablauf im Organismus, den wir uns bei der Massage zunutze machen: Wir wollen den Stoffwechsel aktivieren. Damit gelangt mehr Sauerstoff in die Muskeln, und sie können besser arbeiten.

Wenn zu wenig Blut, das heißt Sauerstoff, in die Muskelzellen transportiert wird, dann kommt es zum Sauerstoffmangel. Dieser Sauerstoffmangel äußert sich als Verspannung bis hin zum Muskelkrampf.

Wie funktioniert das? Um den Ablauf knapp zu schildern, sehen wir uns an, wie das Nachrichtensystem im Körper aufgebaut ist:

Wenn über die Sinne (Hören, Sehen, Riechen, Schmecken, Tasten) ein Reiz ankommt, dann wird er sofort zum Gehirn weitergeleitet. Das Gehirn ist die Steuerungszentrale und entscheidet, was zu tun ist. Es sendet Befehle über das Rückenmark, welche „Abteilungen" zu reagieren haben und wie sie es tun sollen.

Ein konkretes Beispiel: Stellen Sie sich vor, dass Sie mit Ihrem Pferd gemütlich traben. Nun wollen Sie schneller werden. Wie sagen Sie das Ihrem Pferd? Nehmen wir an, dass Sie die treibenden Hilfen verstärken. Das tun Sie mit einem gewissen Druck, auf den Ihr Pferd reagieren soll. Dieser Druck wird von den Nerven in der Haut und in den Muskeln wahrgenommen und an die Zentrale, das Gehirn, weitergeleitet. Das Gehirn verarbeitet die Information und sendet seine Befehle aus. Unter anderem erhalten das Atmungssystem, das Kreislaufsystem und das Wärmeregulierungssystem die Botschaft, sich auf mehr Leistung einzu-

Wichtig

Der Weg vom Reiz zur Reaktion

- Der Reiz (z. B. Berührung) wird dem Gehirn durch die Nerven gemeldet.
- Das Gehirn stellt Systeme bereit, den Reiz zu beantworten (z. B. für Entspannen oder Anspannen der Muskeln).
- Das Gehirn schickt Befehle an die Muskelzellen (z. B. stärker arbeiten)

Versammelter Trab im Schnee: Das kann bei mangelnder Vorbereitung einen schmerzhaften Muskelkater einbringen!

Ⓦ Wichtig

▸ Wenn der Muskel stärker arbeiten muss, verbraucht er mehr Sauerstoff.

▸ Bei gutem Trainingszustand der Muskeln kann genügend Sauerstoff nachgeliefert werden.

▸ Ist der Trainingszustand nicht ausreichend gut, tritt in den Muskelzellen Sauerstoffmangel ein.

▸ Stoffwechselabfälle verbleiben in den Muskelzellen, weil sie nicht schnell genug abtransportiert werden können. Die Folgen sind Muskelverspannungen.

stellen. Auch an die Muskeln kommt die Anweisung, stärker zu arbeiten, das heißt, sich schneller und stärker zusammenzuziehen, um die Bewegung zu intensivieren.

In den Muskelzellen findet dann ein komplizierter chemischer Prozess statt. Glukose wird zu CO_2 (Kohlendioxid) und H_2O (Wasser) verbrannt, und die Eiweißfäden in der Zelle verkürzen sich. Deshalb ziehen sich die Muskelzellen zusammen. Dazu brauchen sie genügend Sauerstoff, der vom Blut nachgeliefert werden muss. Wenn nicht genug Sauerstoff vorhanden ist, dann bleibt beim Verbrennungsvorgang Laktat übrig. Das ist das, was im allgemeinen auch als Stoffwechselschlacken bezeichnet wird. Dieses Laktat ist sehr hinderlich, weil es sich nur sehr schwer entsorgt und in der Folge Muskelverspannungen bewirkt.

Wenn der Trainingszustand eines Muskels gut ist, dann findet die Entspannungsphase nach der Kontraktion ganz automatisch statt. Ist der Trainingszustand aber nicht ausreichend gut, dann bleiben die Muskelzellen länger in Kontraktion. In den ohnehin mit Sauerstoff unterversorgten Muskel kann auch nicht genug Sauerstoff nachgeliefert werden: Es entsteht Energiemangel. Dieser Energiemangel äußert sich als Schmerz. Ein Beispiel,

das Sie vielleicht kennen, ist der Wadenkrampf. Dann braucht der Muskel eine gewisse Zeit, bis Sauerstoff nachgeliefert wird, und er sich wieder entspannen kann.

Erst nachdem sich der verkrampfte Muskel wieder entspannt hat und genug Blut, das heißt auch Sauerstoff, aufnehmen kann, ist er in der Lage, sich erneut anzuspannen. Das ist der Grund, warum sich ein verspannter Muskel nicht weiter anspannen kann. Deshalb kann ein Pferd mit verspannten Muskeln nicht noch mehr Leistung erbringen. Im Gegenteil: Die Verspannungen weiten sich aus, und es kommt zu einem Teufelskreis: Die Verspannung des Muskels führt zu weiterem Sauerstoffmangel. Dieser erzeugt mehr Schmerz, was wiederum noch stärkere Kontraktion des Muskels zur Folge hat, und so geht es immer weiter.

Nach anstrengendem Training lassen sich verspannte Muskeln durch Massage lockern. LINKS: *Streichen der Oberarm- und Ellbogenmuskeln.* RECHTS: *Verschieben der Haut und tieferer Schichten am Oberschenkel.*

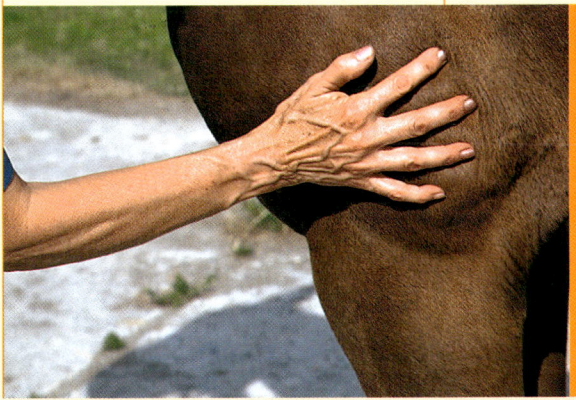

OBEN *Kleine Sprünge im Gelände sind eine gute Gymnastik, erfordern aber Konzentration, Gehorsam und Balance.* UNTEN *Fahrpferde sind oft steif in Rücken und Hals und durch die schwere Ausrüstung verspannt.*

Bestimmte Bewegungen werden vom Pferd vermieden, weil sie wehtun. Die Einschränkung von Bewegungen ist deshalb auch bei Pferden oft eine Selbsthilfemaßnahme des Organismus, um weitere Schmerzen zu vermeiden. Das Problem vergrößert sich aber, weil dann andere Körperpartien die Aufgaben des ausgefallenen Bereichs übernehmen und schließlich ebenfalls mit Verspannungen reagieren. Solche Verspannungen äußern sich nicht selten in wechselnden Lahmheiten, die sich der tierärztlichen Diagnose entziehen, weil sie im Röntgenbild oder im Ultraschall noch nicht sichtbar sind.

Ursachenforschung

Auch wenn der Trainingszustand Ihres Pferdes gut ist, gibt es genügend andere Gründe für Verspannungen. Eine kleine Auswahl an möglichen Ursachen finden Sie auf den nächsten Seiten. Vergessen Sie nicht, dass bestehende Verspannungen Ihres Pferdes nur die Spitze des Eisbergs sind. Sie sind das Symptom für etwas, das nicht stimmt und an dem Sie arbeiten sollten, wenn Sie Ihr Pferd lange gesund erhalten wollen.

Was auch immer Sie mit Ihrem Pferd tun, Westernreiten, Polo-, Jagdreiten, Gespannfahren, Springen, klassische Dressur oder ob Sie ein Rennpferd besitzen – in jeder Disziplin lassen sich Verspannungen feststellen. Das ist

Auch beim Westernreiten ist die Belastung der Sehnen sehr hoch. Um Schäden vorzubeugen, müssen die Muskeln sorgfältig trainiert werden.

selbst bei vorbildlicher artgerechter Haltung so.

Sie werden sehen, wie viele mögliche Quellen es dafür gibt, und das sind bei weitem noch nicht alle. Die Verspannungen unterscheiden sich dann eben in ihrem Ausmaß. Irgendwann ist hoffentlich der Zeitpunkt gekommen, wo es sich nur noch um kleine Verspannungen handelt, die Sie selbst mit Ihren Händen ertasten und durch Ihre Massage auflösen können. Denn hier ist das Einsatzgebiet der Massage: Mit einer guten Massage können wir diesen Teufelskreis durchbrechen. Wir regen die Durchblutung wieder an und unterstützen damit den Sauerstofftransport. Durch die Massage betreiben wir eine ideale Vorbeugung gegen Energiemangelzustände.

Rückenprobleme

Die häufigsten Verspannungen bei den Pferden sind Rückenverspannungen. Sie müssen sich den Rücken wie eine Brücke zwischen Brückenpfeilern vorstellen. Er ist das Bindeglied zwischen den Pfeilern, und alles, was sich auf diesem Bindeglied abspielt, hat auch Einfluss auf die Pfeiler. Die Pfeiler auf der einen Seite der Brücke sind der

Ohne Reiter bewegen sich ausgewachsene Pferde in allen Gangarten normalerweise im Gleichgewicht.

Kopf und die Vorderbeine und auf der anderen Seite der Schweif und die Hinterbeine. Ist eines dieser wichtigen Teile defekt, kommt die Konstruktion ins Wanken. Damit will ich anschaulich machen, dass Rückenprobleme oft mit Verspannungen in den von mir so genannten Brückenpfeilern zusammenhängen und umgekehrt.

Was sind die Ursachen von Rückenproblemen?

Sattel Damit ein Pferd ohne Verspannungen unter dem Reiter gehen kann, muss der Sattel passen. Er darf nicht drücken und muss für Schulter und Wirbelsäule genügend Bewegungsfreiheit lassen. Stimmt einer dieser Faktoren nicht, dann kommt es früher oder später zu Rückenproblemen. Wenn der Sattel drückt, bilden sich blockierende Muskelverspannungen, und der Bewegungsablauf zwischen Brücke und Brückengliedern wird gestört. Falls sich Ihr Pferd ungern satteln lässt, sollten Sie prüfen lassen, ob sein Sattel (noch) passt. Pferderücken bleiben nicht immer gleich, sondern verändern sich im Laufe der Zeit je nach Trainingszustand oder Alter des Pferdes. Außerdem unterliegen auch Sättel dem Zahn der Zeit, und selbst der bestangepasste Sattel muss gelegentlich nachgepolstert werden.

Mangelnde Balance In allen Gangarten ist ein ausgewachsenes Pferd,

Die ersten Versuche eines sechs Tage alten Fohlens, die Mutter beim Grasen nachzuahmen.

Ein Pferd mit Satteldruck oder Gurtzwang zeigt deutlich, dass etwas mit dem Sattel oder mit dem Reiter nicht passt.

wenn es sich frei und ohne Reiter bewegen kann, normalerweise im Gleichgewicht. Durch den Reiter ändern sich aber die Gleichgewichtsverhältnisse. Das Pferd muss das zusätzliche Reitergewicht auf seinem Rücken ausbalancieren lernen.

Stellen Sie sich vor, Sie sollen einen schweren Sack auf Ihrem Rücken transportieren und dabei auch noch auf einer geraden Linie entlanggehen. Der Sack rutscht auf Ihrem Rücken hin und her, und Sie müssen ständig mit Ihrem Rücken und den Armen und Beinen das Ungleichgewicht ausgleichen. Das ist nicht nur sehr anstrengend, sondern führt auch zu Verspannungen und Schmerzen. Bliebe dieser Sack gleichmäßig in der Mitte Ihres Rückens, wäre die Situation einfacher.

Damit wird klar, wie sehr das Pferd unter Ihnen darauf angewiesen ist, dass Sie als Reiter im Gleichgewicht sind, damit es das eigene Gleichgewicht suchen und finden kann.

Wenn Sie beispielsweise in der Hüfte einknicken oder im Sattel hin und herrutschen, wird Ihr Pferd versuchen, das Ungleichgewicht mit seiner Muskulatur auszugleichen. Pferde buckeln dann oft, um sich von solchen lästigen Verspannungen zu befreien.

Die Lieblingsseite und die Lieblingshand Fast alle Pferde haben auch eine „Lieblingsseite" (natürliche Schiefe) und Sie eine „Lieblingshand", auf der Sie reiten. Es lohnt sich, diese beiden Umstände genauer zu betrachten, denn auch das kann zu großen Ungleichheiten der beiden Pferdeseiten (Schultern!) und zu Verspannungen führen. Das können Sie reiterlich kompensieren, indem Sie darauf achten,

Dieses Pferd hat Glück: Der „Floh" auf seinem Rücken kann sich hoffentlich trotz- dem ausreichend verständlich machen.

Der Kopf des Pferdes wird nach links gezogen. Dieses Ungleichgewicht muss das Pferd mit seinen Muskeln ausgleichen.

dass Ihr Pferd sich auf seiner Lieblings- seite nicht zu sehr biegt und vor allem dass es mit seiner Hinterhand in die Spur der Vorhand tritt. Dazu werden Sie wahrscheinlich die Hilfe eines gu- ten Trainers brauchen.

Beobachten Sie, wie viel Sie auf der von Ihnen bevorzugten Hand reiten, und teilen Sie die Aktivitäten mit Ihrem Pferd in der Reitbahn gleichmäßig auf beide Hände auf.
Auch Massage, vor allem im Bereich von Schulter-, Vorhand- und Zwischen- rippenmuskeln, hilft diese Verspan- nungen zu lösen.

Zu hohes Reitergewicht Wie viel ein Pferd tragen kann, hängt von der Aus- prägung seiner Rückenmuskulatur ab. Manche Rassen wurden über Jahrhun- derte als Zug- und Lasttiere gezüchtet und können daher größere Lasten ver- kraften als andere.
Aber nicht nur der Rücken leidet bei zu hohem Reitergewicht, auch die Mus- keln und Sehnen der Beine sind über- fordert und störanfällig. Wenn Sie also schwer sind, steigen Sie bitte nicht auf ein Deutsches Reitpony, sondern su- chen Sie sich ein gut trainiertes Groß- pferd oder ein robustes Kleinpferd mit kräftiger Rückenmuskulatur.

Nicht an den Trainingszustand angepasstes Reiten Zu wenig Vorbereitung auf Bewegung überfordert den gesamten Organismus, auch den Rücken. Ein locker schwingender Rücken ist das Ergebnis von guter Vorbereitung der Muskeln, Sehnen und Gelenke im Training. Ein Negativ-Paradebeispiel ist das Pferd, das die ganze Woche im Stall steht und dann am Wochenende stundenlang von seinem Reiter durchs Gelände gejagt wird. Das gibt es! Dieses Pferd wird nach nicht allzu langer Zeit schief und krumm, mit schmerzendem Rücken und Beinen in der Box stehen und Lahmheiten entwickeln. Der Besitzer weiß dann gar nicht warum, denn er hat ja „fast nichts" mit dem Pferd gemacht.

Das Pferd ist aber, wie wir wissen, ein Bewegungstier. Eigentlich würde es täglich mindestens 20 Kilometer zurücklegen und dabei in ständiger Bewegung sein. Da wir das in unserer heutigen Pferdehaltung aber meistens nicht organisieren können, müssen wir zumindest dann, wenn Bewegung angesagt ist, auf die physiologischen Tatsachen Rücksicht nehmen. Nach langem Stehen braucht die Gelenkschmiere etwa 15 bis 20 Minuten, bis sie sich bei mäßiger Bewegung verteilen und ihre Funktion übernehmen kann. Erst wenn sich auch Herz, Kreislauf, Muskeln und Sehnen auf die Arbeit eingestellt haben, ist sinnvolles Training möglich. Wobei sinnvolles Training bedeutet, dass aufbauend auf

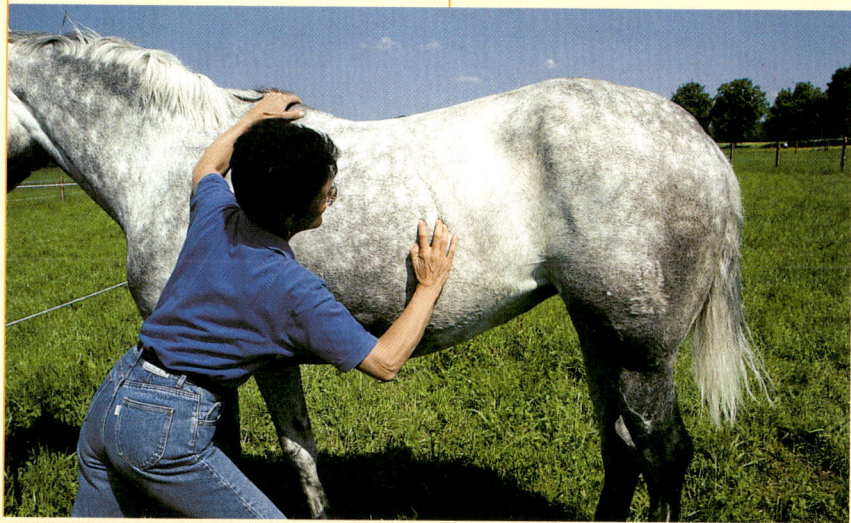

Eine Massage der Zwischenrippenmuskeln hilft, den Brustkorb zu entspannen und die Flexibilität der Mittelhand zu verbessern.

Ein gemütlicher Schrittspaziergang im Gelände am langen Zügel macht Spass. Aber aufpassen, hier kündigt sich schlampiger Passgang an!

Pferde in der Herde: Diese hier machen sich im Dreierpack davon und hören aufmerksam nach hinten.

Wichtig

Gründe für Verspannungen
▸ Sattel
▸ Reiten
▸ Klima
▸ Ernährung
▸ Umwelt und Haltung

vorheriges Training immer ein bisschen mehr verlangt werden kann. Ein so aufgebautes Training macht Knochen, Muskeln und Sehnen widerstandsfähiger und stärkt den Rücken.

Falsche und nicht an den Bedarf angepasste Fütterung Welches und wie viel Futter ein Pferd braucht, ist eine Wissenschaft für sich. Wichtig im Zusammenhang mit dem Muskelstoffwechsel ist die Eiweißqualität im Kraftfutter. Je hochwertiger die Qualität ist, desto besser funktioniert der Muskelaufbau. Die beste Eiweißqualität findet sich im Hafer, der auch am

leichtesten verdaulich ist. Viele Pferdebesitzer haben die Befürchtung, dass Hafer ihr Pferd „heiß" macht. Diese These wurde aber widerlegt. Es ist allerdings eine Frage der Menge und wieviel das Pferd wirklich braucht.

Wichtig für die Verdauung ist auch genügend leicht verdauliches Heu. Stroh ist wegen seines hohen Lignin-Anteils schwer verdaulich und nicht in großen Mengen zu empfehlen. Das Pferd ist ein Dauerfresser und seine Verdauungsorgane sind dafür angelegt. Wird zu wenig Heu bzw. Raufutter gefüttert, bekommt das Pferd Bauchschmerzen.

Angst, Schock oder Ungerechtigkeit?
Das Pferd ist total verspannt und müsste erst
einmal nach vorne freigelassen werden.

Wenn ein Pferd aber Bauchschmerzen hat, dann kann es seine Bauchmuskeln nicht mehr richtig anspannen. Kein Wunder also, wenn es seine Rückenmuskeln nicht dehnen und somit den Rücken nicht „hergeben" kann.

Schlechte Haltungsbedingungen Von Natur aus bewegen sich Pferde fast den ganzen Tag und fressen dabei. Wir halten sie oft in zu kleinen Boxen, und richtig auslaufen können sie sich meist auch nicht. Das führt zu Bewegungseinschränkungen, die im Laufe der Zeit zu Verspannungen im Rücken und den Extremitäten werden.

Langeweile kann ebenfalls ein großer Stressfaktor für Pferde sein. Auch Angst, Schock, Ungerechtigkeit usw. können die Blutzufuhr blockieren und im gesamten Muskelgebiet zu Verspannungen führen.

Man könnte diese Liste der möglichen Ursachen von Verspannungen noch ziemlich lange weiterführen. Aber alles läuft eigentlich darauf hinaus, dass wir die Arbeit und das Vergnügen mit unseren Pferden auf das abstimmen, was der Gesundheit der Pferde nicht schadet. Wie schwierig das ist, zeigt der normale Alltag eines Pferdebesitzers.

Pferde Massage

Das Wichtigste bei Ihrer Pferdemassage ist, dass Sie spüren lernen, was sich unter Ihren Händen abspielt. Wie in einem Theaterstück findet dort ein Geschehen statt, das lange Geschichten erzählt. Was Sie in der Muskulatur Ihres Pferdes antreffen, ist seine Vergangenheit. Sie aber sind in der Gegenwart und wollen mehr über Ihr Pferd erfahren. Dazu müssen Sie Kontakt aufnehmen und fühlen, in welcher Verfassung die Schauspieler, also die Muskeln, sind und wie Sie ihnen helfen können, ihre Rolle wieder richtig zu spielen.

Was die Muskeln verraten

Schon durch eine leichte Berührung am Hals, an der Schulter oder am Rücken Ihres Pferdes erhalten Sie aufschlussreiche Informationen über seinen Gesundheitszustand.
Fühlt sich das Gewebe weich oder hart an? Ist es locker oder gespannt? Hat Ihr Pferd die Berührung gerne oder wehrt es sich dagegen? Die Muskeln verraten, wie es Ihrem Pferd geht, denn sie können sich nicht verstellen.

Die Eigenmassage

Ich lade Sie zu einer interessanten Erfahrung ein, die Sie mit sich selbst machen können. Wecken Sie Ihre Sensibilität für Berührung durch eine Massage an Ihrem eigenen Gesicht! Was Sie hierbei erfahren, können Sie später bei der Pferdemassage gut gebrauchen. Es hilft Ihnen außerdem, sich selbst zu entspannen und ganz im Hier und Jetzt zu sein. Das ist auch sehr wichtig bei Ihrer Pferdemassage: Sie müssen

Schon das Putzen mit einer weichen Bürste kann zur wunderbaren Massage werden.

Frauchen und Hund vor einer neuen Erfahrung: Frauchen ist bereit und neugierig, Hund ist noch skeptisch und wacht über das Geschehen.

Tipp

Erleben Sie, wie Sie sich aus der Hektik des Alltags durch einfache Mittel ausklinken können!
Wenn Sie zuhause sind, lassen Sie sich von angenehmer, ruhiger Musik begleiten.
Sind Sie in der Natur, dann lauschen Sie dem Vogelgezwitscher, dem Wind in den Bäumen oder einfach nur den Geräuschen, die Sie selbst machen.
Auch bestimmte Düfte ätherischer Öle wie z. B. Lavendel oder Rose wirken harmonisierend und unterstützen Sie dabei, sich zu entspannen.

selbst ruhig und entspannt sein, sonst übertragen Sie Ihre eigenen Probleme auf Ihr Pferd. Und Sie können sich sonst nicht vor den Verspannungen Ihres Pferdes schützen.

Setzen Sie sich bequem auf einen Stuhl und stellen Sie Ihre Beine hüftbreit nebeneinander. Oder Sie setzen sich gemütlich auf den Boden. Hauptsache ist, dass Sie angenehm und entspannt sitzen. Lassen Sie sich für diese Übung genügend Zeit. Nehmen Sie bewusst

Kleine Kreise mit Zeige- und Mittelfinger am Kiefergelenk lösen Verspannungen, die vom „Zähnezusammenbeißen" kommen.

Massagen des Unterkiefers und der Wangenmuskeln befreien die Kaumuskulatur von Verspannungen und lassen Zahnprobleme erkennen.

wahr, was Sie während der Berührung auf Ihrer Haut fühlen. Sie werden entdecken, dass es ein Vorher- und Nachher-Gefühl gibt. Machen Sie die Übung erst an einer Gesichtshälfte, um sie danach mit der anderen zu vergleichen.

▸ **Streichen** Sie mit Ihren beiden Händen einige Male ganz leicht über Ihre Wangen. Ist die Berührung angenehm?

▸ **Nehmen** Sie Ihre Hände weg und fühlen Sie, wie lange diese leichte Berührung nachklingt. Sie werden noch eine ganze Zeit lang das Kribbeln in der Haut bemerken.

▸ **Beschreiben** Sie dann mit Zeige- und Mittelfingern kleine Kreise an den Wangen, mit so viel Druck, wie Ihnen angenehm ist.

▸ **Tasten** Sie sich zum Kiefergelenk vor. Hier lassen sich gerne Verspannungen nieder, die vom Zähnezusammenbeißen kommen. Hier ist es Ihnen wahrscheinlich angenehmer, mit etwas mehr Druck zu massieren.

▸ **Erforschen** Sie mit Ihren Fingern die Wangenmuskeln und Kieferknochen.

▸ **Massieren** Sie weiter Ihren ganzen Kieferbereich, die Wangen, herunter bis zum Kinn.

▸ **Lassen** Sie Ihre Finger in Kreisen wieder zurück zum Kiefergelenk wandern, massieren Sie dort noch einmal.

▸ **Wandern** Sie mit den Fingern weiter hinter die Ohren, ertasten Sie mit Ihrem Zeigefinger die Ohransätze.

▸ **Streichen** Sie den Ohransätzen entlang und gehen Sie über zum Hinterkopf. Spüren Sie den Übergang der Hirnschale zum Hals. Sie können hier

*Durch Massieren von Verspannungen am
Kinn klärt sich der Gesichtsausdruck.*

*Am Übergang zum Hinterkopf sind Muskeln,
die bei der Massage spürbar und dadurch
besser durchblutet werden.*

mehr Druck anwenden, soviel Ihnen
angenehm ist.

Wandern Sie mit Ihren Fingern bis zur
Halswirbelsäule.

Massieren Sie Ihre Halswirbelsäule
rechts und links kreisend langsam abwärts, soweit Sie kommen. Spüren Sie
Ihre Wirbelkörper und die Wirbelzwi-
schenräume.

Lassen Sie Ihren Kopf nach unten sin-
ken und entspannen Sie vollständig.
Kreisen Sie mit Ihren Fingern wieder
zurück zum Kopf. Fühlen Sie, wie Ihre
Halswirbelsäule länger und länger
wird?

Die kleinen Bandscheiben in der Halswirbelsäule sind oft sehr zusammenge-
quetscht. Das ist das Resultat von
Muskelverspannungen im Gesichts-,

Halswirbel- und Schulterbereich.
Woher die kommen? Na, von unserer
ständigen Anspannung, unserem Funk-
tionierenwollen und -müssen in Stress-
situationen. Sie erinnern sich?

Die Anspannung funktioniert perfekt.
Aber leider ist das wie Bombenalarm
ohne Entwarnung. Wenn der Stress
aufgehört hat, läutet keine Glocke und
es gibt kein Zeichen der Entwarnung.
Deshalb bleibt die Anspannung und
wird, wenn sie nicht aufgelöst wird, im
Laufe der Zeit zur Verspannung.

Nehmen Sie nun Ihre Ohrränder in die
Hände und kneten sie kräftig von unten
nach oben durch.

Ziehen Sie jetzt kräftig 10- bis 15- mal
an Ihren Ohren. Vielleicht müssen Sie
dabei lachen. Das ist nicht verboten,
sondern sogar erwünscht.

Es befreit nämlich nicht nur Ihre Kiefermuskulatur von Spannungen sondern erhöht ganz nebenbei auch noch Ihr Konzentrationsvermögen.

Deshalb ist das Ohrenkneten auch eine gute Vorbereitung für Situationen, in denen Sie klar denken müssen.

Wie fühlen Sie sich jetzt?

Lassen Sie Ihr Kinn locker herunterfallen, auch wenn es ein bisschen komisch aussieht, und streichen Sie mit Ihren Fingern noch einmal über Ihre Kiefergelenke.

Fühlt es sich gut an? Haben sich einige Verspannungen gelöst?

Wenn Sie nun noch einmal nachspüren, werden Sie feststellen, dass sich die massierten Partien anders anfühlen als vorher – bewusster, sensibler, wärmer.

Vielleicht haben Sie auch Unregelmäßigkeiten bemerkt, empfindliche Stellen oder gar ein bisher noch schlummerndes und noch nicht nach außen gedrungenes Zahnproblem.

Diese Übung hat den Sinn, bei Ihnen ein Gefühl von Vorher und Nachher zu erwecken. Natürlich ist es schöner, wenn man massiert wird und es nicht selbst tun muss.

Sie haben sicher auch bemerkt, dass Sie an manchen Stellen fester massieren dürfen und an anderen Stellen nur leicht. Dafür gibt es keine Regeln, das ist bei jedem Menschen ein bisschen anders. Aber eines trifft fast immer zu: Berührung tut gut und deckt Verspannungen auf.

Zwiegespräch
mit dem Pferd

Nehmen Sie diese Erfahrung mit zu Ihrem Pferd! Durch die bewusste Berührung, durch Fühlen und Ertasten des Pferdekörpers lernen Sie das Befinden Ihres Pferdes mit der Zeit ganz genau kennen. Sie werden Unregelmäßigkeiten früh auf die Spur kommen und darauf reagieren können. Ihr Pferd sagt Ihnen alles über seinen Zustand, wenn Sie hinschauen und hinhören lernen. Der Blick, die Körperhaltung, die Art der Bewegung und die Reaktion auf Berührung sprechen Bände.

Ein Blick auf den Fotografen – und die Schmusestunde geht weiter!

Natürlich wissen viele von uns nicht, was mit unseren Pferden gemacht wurde, bevor sie zu uns kamen. Leider können sie es uns auch nicht mit unseren Worten sagen. Aber ihre Geschichte tragen sie dennoch mit sich herum – eine Geschichte, die sehr oft von viel Unverständnis zeugt.

Unerklärliche Ängste, Verspannungen, Lahmheiten haben, bevor sie entstanden sind, deutliche Zeichen gegeben, die nicht verstanden worden sind. Wir aber haben die Möglichkeit, ein bisschen mehr über die Sprache der Pferde zu lernen. Welche Zeichen und Signale gibt uns das Pferd über sein Befinden?

Als Masseur schaue ich mir das Pferd erst einmal genau an: Ist es unruhig oder steht es gelassen da? Ist es bereit, mir Vertrauen zu schenken, oder muss ich erst einen Berg von Misstrauen überwinden, bevor ich es überhaupt berühren darf?

Auch Sie als Besitzer können sich die Zeit nehmen, Ihr Pferd einmal wie ein Außenstehender anzuschauen. Sie werden einiges entdecken, was Sie bisher noch nicht wahrgenommen haben.

Berührungen in aller Ruhe

Ein Beispiel: Vielleicht haben Sie auch schon erlebt, dass in manchen Reitställen die Putzzeremonie praktisch das Maximum an Berührungstoleranz ist, die zwischen Reiter und Pferd existiert.

Die Signale des Pferdes:

○ **Wo genießt das Pferd die Berührung besonders?**

○ **Wo darf ich es nicht berühren?**

○ **Wo ist das Pferd kitzlig?**

○ **Wo sind Stellen, die besonders warm sind?**

○ **Wo sind Stellen, die besonders kalt sind?**

○ **Wie ist das Schwitzverhalten?**

○ **Wie ist der Gesichtsausdruck (fröhlich, traurig, zornig)?**

○ **Wo behandelt das Pferd sich selbst durch Lecken, Kratzen u. Ä.?**

Hastig und schlampig wird das Pferd „gesäubert", der Sattel aufgelegt, Trense drauf – und ab in die Reithalle! Das Training wird absolviert, danach abgesattelt, vielleicht die Beine abgespritzt, Hufe ausgekratzt und zurück in die Box!

*In der Mitte zwischen den Ohren ist
ein wichtiger Entspannungspunkt.*

*Aha, der rote Kasten: das Signal für
eine entspannende Putzmassage.*

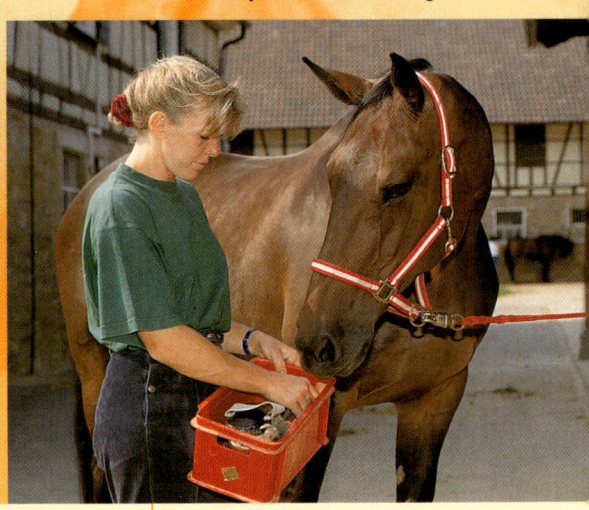

Ein solches Pferd hat natürlich keine gute Erinnerung an Berührung! Es verbindet damit ja ausschließlich die Vorbereitung zu beziehungsloser Arbeit im Gefängnishof und zur anschließenden Rückkehr ins Gefängnis.

Wenn man an dieses Pferd heranginge und es gleich kräftig durchmassieren wollte, ergäben sich sicherlich Probleme, vor allem für Sie, die Sie massieren. Aber gerade dieses Pferd würde wahrscheinlich sehr gern lernen, dass Berührung auch etwas anderes sein kann als nur liebloses, hastiges Putzen. Soche Pferde brauchen eine längere Vorbereitungszeit bis wir sie massieren dürfen. Mit Geduld und sorgfältiger Beobachtung lässt sich das verlorene Vertrauen wieder aufbauen.

Eines ist eben bei allen Pferden gleich: Erst muss eine Kommunikationsebene aufgebaut werden, die aus Frage und Antwort besteht.

Wir fragen an, das Pferd antwortet mit seiner Reaktion. Je nach Reaktion passen wir unser Tun an die Toleranzschwelle des Pferdes an. Wenn wir zu fest massieren, vermindern wir den Druck, wenn wir bestimmte Stellen nicht berühren sollen, gehen wir mit unseren Händen an andere Stellen, um später aber noch mal anzufragen. Dann schaut es oft schon ganz anders aus und wir dürfen die empfindliche Stelle berühren.

Auf Besonderheiten achten

Die nächste Frage ist, ob es Stellen gibt, an denen das Pferd Berührung besonders genießt, und auch Stellen, an denen es sich noch nicht massieren lassen will. Wo ist es kitzlig, wo senkt es den Kopf und kaut? Ich schreibe mir alles auf, oder mache eine Zeichnung.

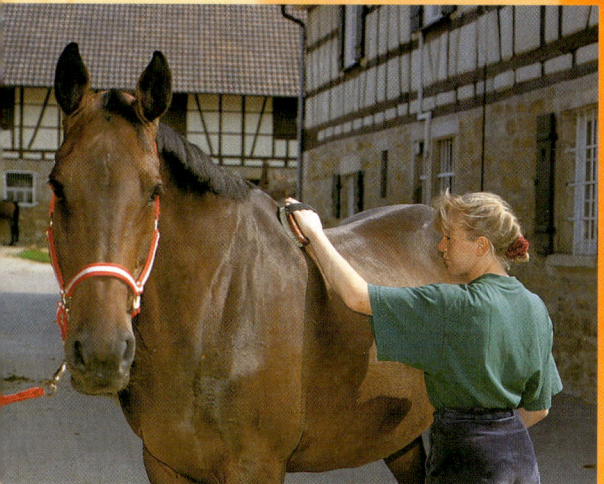

Auf der Suche nach auffälligen Stellen: Wo kratzt sich das Pferd?

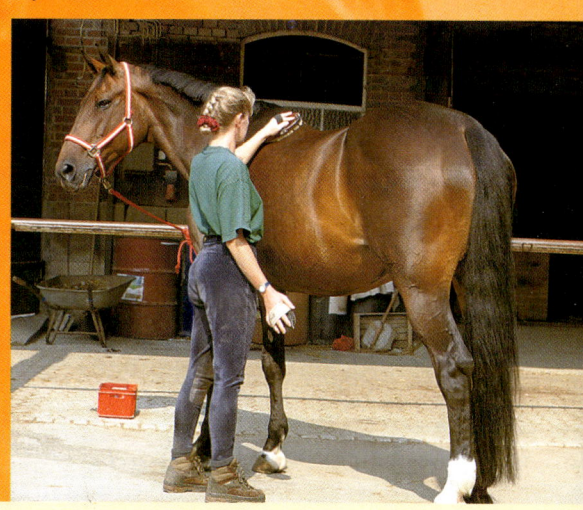

Ruhige, lange Striche wecken die Zellen auf und aktivieren die Nerven der Haut.

Außerdem vermerke ich sorgfältig alle Besonderheiten wie zum Beispiel Narben, Fellveränderungen, Stellen, an denen sich das Pferd selbst behandelt, Kälte- und Wärmeunterschiede des Körpers, Schwitzverhalten, Gesichtsausdruck und auch die Emotionen: Wirkt das Pferd eher ruhig oder zappelig, zornig, fröhlich, traurig? Wie sind die Haltungsbedingungen? Wie wird das Pferd geritten? Was bekommt es zu fressen?

Das ist eine prima Möglichkeit, Ihr Pferd, seinen Körper und seine Lebenswelt genauer kennen zu lernen. So können Sie später alle Veränderungen feststellen und prüfen, ob Sie mit Ihrer Massage auf dem richtigen Weg sind.

Ich nehme an, dass Sie bei Ihrer Beobachtung Stellen im Fell Ihres Pferdes entdecken konnten, die anders sind.

Vielleicht haben sie eine andere Farbe oder sind weniger dicht, wärmer, kälter oder trocknen lange Zeit nicht. Manchmal schwitzen Pferde auch nur einseitig. Diese Stellen bieten sich für die Massage an. Kratzt und beißt sich ein Pferd gar selbst, dann sind das Signale für Sie. Dann sagt Ihr Pferd: „Hier sollst du was tun, hier brauch ich es!" Massieren Sie an diesen Stellen, dann werden Sie feststellen, dass sich Ihr Pferd später an einer anderen Stelle kratzt. Massieren Sie auch die neue Kratzstelle. An diesen Stellen zeigen sich übergeordnete Energiestörungen und werden so behandelbar.

Aus eigener Erfahrung kann ich Ihnen berichten, dass ich manche Pferde zunächst gar nicht massiere, sondern nur streichle. Bei Pferden, die ängstlich sind oder stark verspannt, kann das wahre Wunder bewirken. Warum?

*Vertrauen und Präsenz spielen beim Aufbau der Kommunikationsebene eine
große Rolle. Der Schimmel horcht mit einem Ohr auf die Umgebung, mit
dem anderen auf den Fotografen. Trotzdem bleibt er gelassen und genießt.*

Bei leichter Berührung reagieren die feinen Nervenenden in der Haut. Diese Nerven melden die Botschaft ans Gehirn, die etwa so klingen könnte: „Mmh, das ist angenehm, da kann ich mich endlich entspannen ..." Es ist eine wunderbare Erfahrung, zu spüren, wie sich diese Pferde allein schon durch Streicheln loslassen können und anfangen abzukauen.

▸ **Bei der darauf folgenden Massage** darf ich dann meist mit mehr Druck arbeiten, wobei ich immer mit meinen Händen die Druckstärke „erfrage". An

jenen Stellen, wo noch nicht mehr geht, streichle ich weiter. Bei der dritten oder vierten Massage ist das Problem meist behoben, und ich darf das Pferd überall massieren, denn es hat die Erfahrung gemacht, dass ich auf seine Bedürfnisse eingehe. Auf dieser Reise habe ich dann schon viele Fragen gestellt: Ging es nur darum, erst einmal eine Vertrauensebene herzustellen? Waren es Verspannungen, die sich bei meiner Berührung gelöst haben? Wo sind die Stellen, auf die das Pferd besonders positiv reagiert? Gibt es noch Stellen, die ich nicht berühren darf?

Wo kann man Pferde massieren?

„Wie und wo fange ich an?", werden Sie sich wahrscheinlich fragen. Ich empfehle Ihnen, sich jeweils kleine Abschnitte vorzunehmen, die sich an den verschiedenen Körperteilen, Muskeln und Gelenken orientieren. Später finden Sie noch eine ausführliche Anleitung, wie Ihre Massage aussehen kann. Hier sollen nur die Stellen am Pferdekörper und die Richtung, in die Sie massieren, genannt werden.

Knöcherne Orientierungspunkte
Sie können sich an Gelenken und Knochen orientieren, die Sie sehen und ertasten können. Suchen Sie sich diese Stellen am Körper Ihres Pferdes, dann haben Sie schon eine Hilfe für den Weg Ihrer Massage.

Gelenke sind dafür zuständig, dass Bewegung stattfinden kann. Die Knochen, die durch die Gelenke verbunden sind, werden durch die Tätigkeit der Muskeln und Sehnen bewegt. Diese Muskeln wollen Sie mit Ihrer Massage erreichen.
Die Gelenke selbst massieren Sie nicht, sondern streichen sie nur leicht. Um die Gelenke herum können Sie aber die Ansatzstellen der Muskeln und Sehnen ertasten und massieren. In der Abbildung auf Seite 34 finden Sie die betreffenden Stellen eingezeichnet.
Zwischen diesen Orientierungspunkten spielt sich die Massage ab. Der Weg geht von vorne nach hinten.

Sorgfältiges Abtasten des Pferdekörpers gibt Aufschluss über den Zustand von Haut und Muskeln.

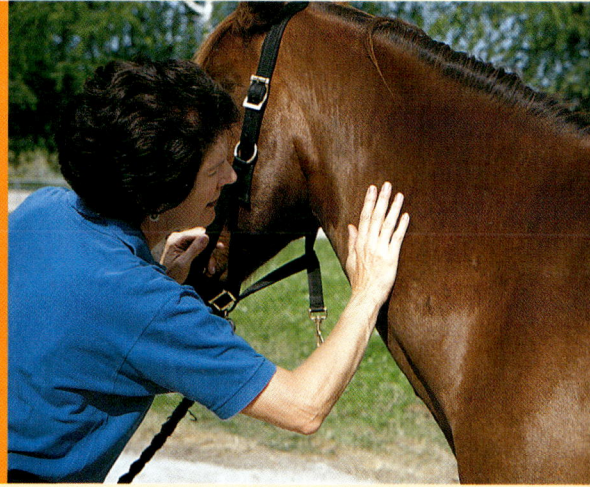

Knöcherne
Orientierungspunkte
1 Kiefergelenk
2 Buggelenk
3 Schulterblattknorpel
4 Ellbogengelenk
5 Hüfthöcker
6 Kniegelenk
7 Sitzbein

Ich nehme mir zunächst eine Seite des Pferdes vor und fange fast immer am Kopf an. Wenn sich das Pferd am Kopf nicht gern berühren lässt, suchen Sie sich einen anderen Anfang. Beruhigendes Streichen über die Mitte des Rückens oder leichtes Kreisen am Sitzbein können helfen. Nach einiger Zeit wird sich das Pferd entspannen und dann auch die Berührung am Kopf dulden oder sogar lieben lernen.

Welche Muskeln massieren wir?

Die Muskeln sind grundsätzlich alle sehr unterschiedlich voneinander. Ich empfehle Ihnen, die Muskeln zunächst ohne Massageabsicht abzutasten und zu spüren, wie sie sich anfühlen. Manche Muskeln sind weich und verschiebbar, manche, wie zum Beispiel die Kruppenmuskulatur, groß und stark. Es wird Ihnen später bei der Massage helfen, wenn Sie sich auf der

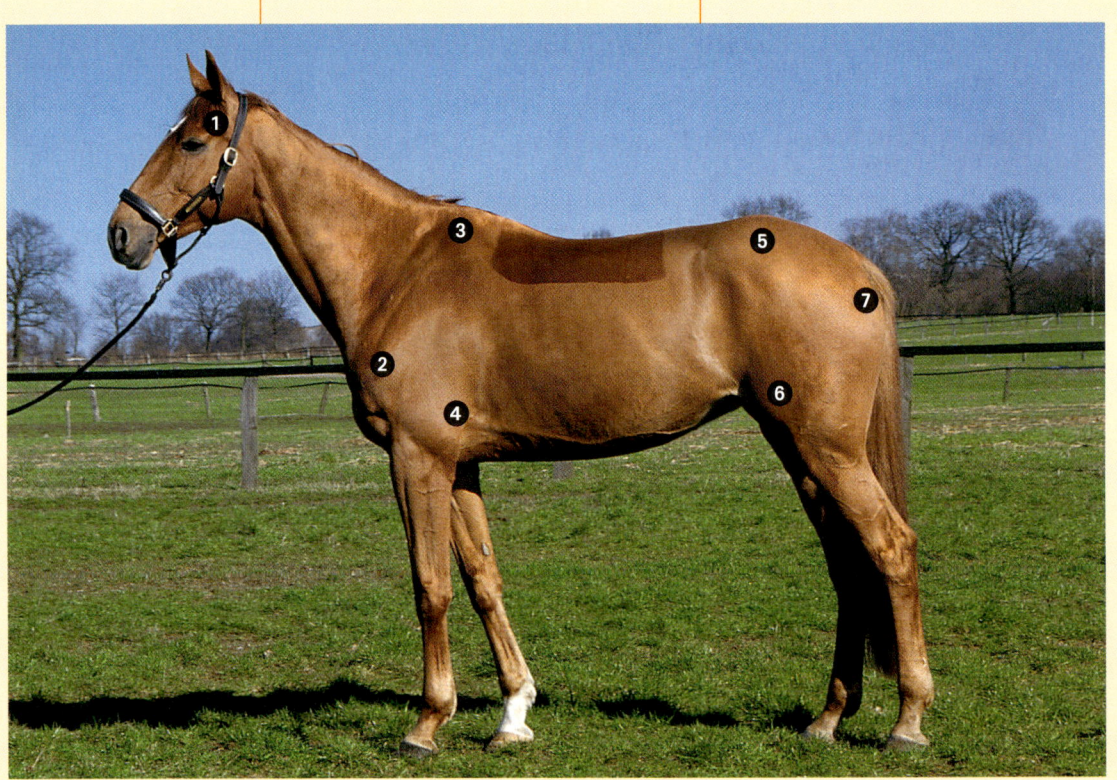

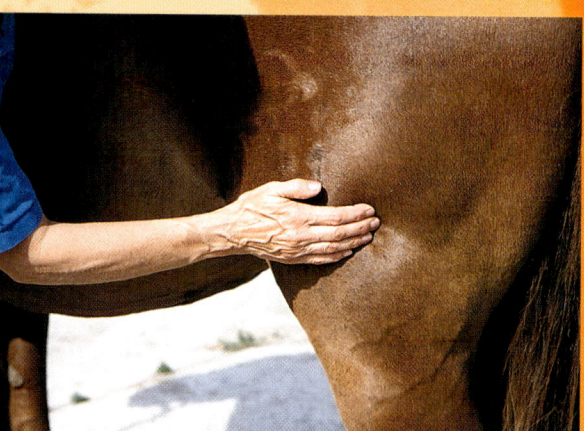

Die Muskeln des Oberschenkels sind zwar groß und stark, müssen aber im entspannten Zustand weich und verschiebbar sein.

Das Schulterblatt ist ausschließlich durch Aufhängemuskeln am Rumpf befestigt. Am oberen Teil des Schulterblatts, dem Schulterblattknorpel, kann man sie ertasten.

„Landkarte" Ihres Pferdes schon ein wenig auskennen und wissen, wie sich die einzelnen Muskeln anfühlen.

In der Illustration auf Seite 36/37 sind die wichtigsten oberflächlichen Muskeln und ihr Zuständigkeitsbereich zusammengestellt. Die Probleme, die bei Verspannungen dieser Muskeln auftreten können, sind nicht einfach zu benennen, da sie in der Regel alle voneinander abhängen oder sich gegenseitig bedingen können. Weil der ganze Bewegungsapparat mit seinen Muskeln, Sehnen und Gelenken letztlich „aus einem Guss" ist, gibt es selten nur „eine" Verspannung.

Im positiven Ausnahmefall, nämlich wenn Sie Ihr Pferd regelmäßig massieren und genau kennen, werden Sie auch eine einzelne Verspannung entdecken und beseitigen können, bevor mehrere daraus werden. Im Allgemei-

nen hängen aber mehrere Verspannungen zusammen, und jede ist es wert, bearbeitet und beseitigt zu werden.

Wenn Sie sich auf den Weg der Entspannung machen, werden Sie auch die eine oder andere Verspannung beim Reiten bemerken. Und wenn Sie dranbleiben, das heißt die Ursachen gründlich prüfen und Ihr Pferd entspannen und lockern, werden Sie auch reiterlich den Erfolg verbuchen.

Natürlich gibt es noch viele andere Muskeln, die das Pferd für die Bewegung und die Funktion seiner Organe braucht. Es sind insgesamt ungefähr 260. Aber diese Muskeln liegen in tieferen Schichten, die Sie mit Ihren Händen nicht erreichen können. Doch immerhin: Durch Massagetechniken wie Klopfen und Vibrieren können Sie auch diese tieferen Schichten positiv beeinflussen.

Oberflächliche Muskeln des Pferdes

1 Kaumuskel
2 Armkopfmuskel
3 Trapezmuskel
4 Brustmuskel
5 Dreiköpfiger Armmuskel
6 Muskeln des Vorderfuß-
  wurzelgelenks

7 Zwischenrippenmuskeln
8 Äußerer schiefer
  Bauchmuskel
9 Kruppenmuskeln
10 Zweiköpfiger
   Oberschenkelmuskel
11 Zehenstrecker

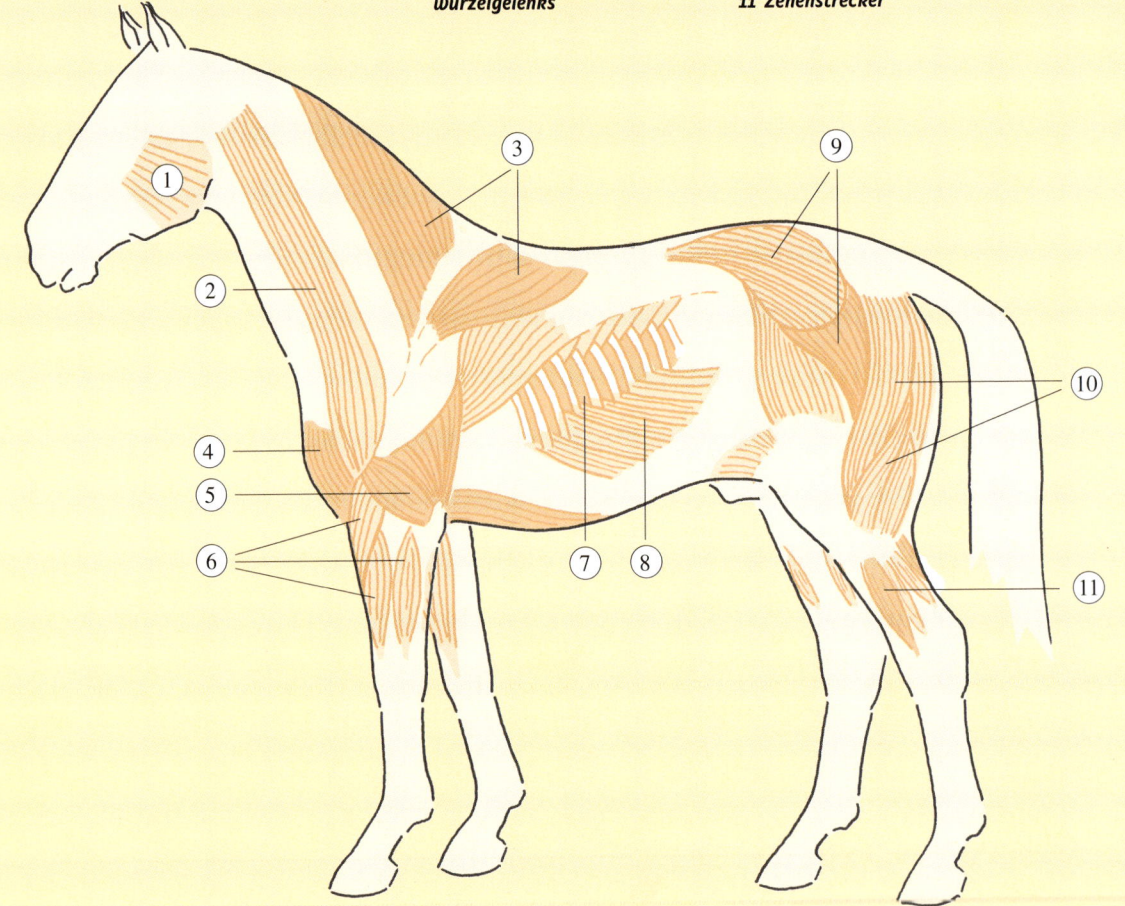

Wofür sind die oberflächlichen Muskeln des Pferdes zuständig?

1 Kaumuskel: Bewegung des Kiefergelenks

2 Armkopfmuskel: Auf- und Abwärtsbewegung des Kopfes, seitliche Drehung von Nacken und Hals, verantwortlich für das Vorführen der Vorhand

3 Trapezmuskel: Vorführen, Heben und Abspreizen der Vorhand

4 Brustmuskel: Vor- und Rückführen der Vorhand, Seitwärtsbewegung des Rumpfes, Strecken des Schultergelenks

5 Dreiköpfiger Armmuskel: Strecker des Ellbogengelenks

6 Muskeln des Karpalgelenks: Beugen, Strecken, Anheben der gesamten Vorhand

7 Zwischenrippenmuskeln: Heben und Senken der Rippen, Erweiterung des Brustkorbes

8 Äußerer schiefer Bauchmuskel: Ausatmen und Bauchpresse

9 Hüftmuskeln (Kruppenmuskeln): Mobilisation des Hüftgelenks, Rückwärts- und Auswärtsbewegung der Hinterhand

10 Zweiköpfiger Oberschenkelmuskel: Beugen des Kniegelenks, Strecken des Sprunggelenks, Seitwärtsbewegung der Hinterhand

11 Zehenstrecker: Strecker des Kniegelenks und der Zehengelenke

Bei der Streichung melden die feinen Nervenenden in Haut und Muskeln eine angenehme Botschaft ans Gehirn.

Streichen mit der ganzen Hand und mit dem Fellstrich schafft Wohlbehagen und Vertrauen. An kitzligen Stellen sollten Sie jedoch nicht leicht streichen, sondern es vorsichtig mit mehr Druck versuchen.

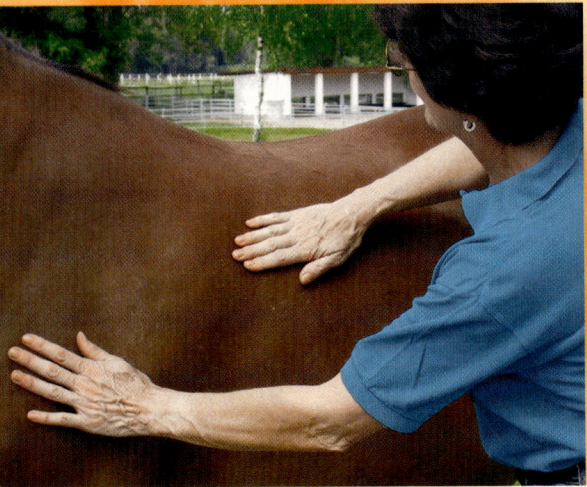
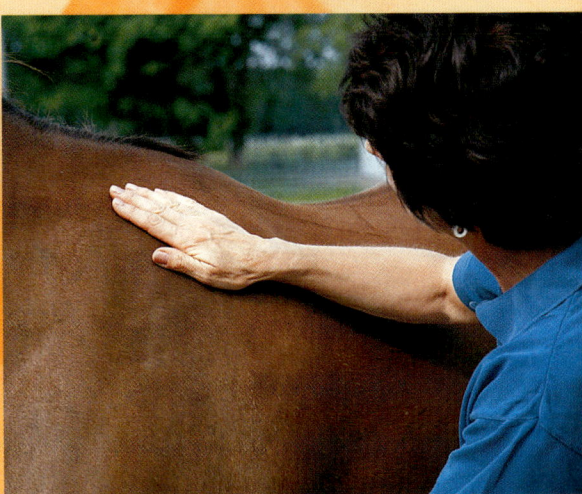

Die wichtigsten Massagegriffe

Ein geschulter Masseur weiß, welche Technik er im speziellen Fall anwendet. Auch er führt ein intimes Zwiegespräch mit den Muskeln, Sehnen und Gelenken und „hört" mit seinen Händen in den Körper des Pferdes hinein.
Das können Sie zum jetzigen Zeitpunkt (noch) nicht, deshalb finden Sie hier die wichtigsten Grifftechniken und deren Wirkungen beschrieben.

Tipp

Wenden Sie die folgenden Griffe an Ihrem Arm, Oberschenkel und an anderen Stellen an. Sie werden staunen, welche unterschiedlichen Wirkungen die verschiedenen Griffe hervorrufen. Konzentrieren Sie sich wieder auf das Spüren, denn das, was Sie jetzt wahrnehmen, wird Ihr Pferd dann bei der Massage ebenso fühlen.

Bevor Sie aber in die Technik der Griffe eintauchen, möchte ich Ihnen gern in Erinnerung bringen, dass Sie ständig schon eine Massage bei Ihrem Pferd vornehmen. Putzen ist nichts anderes, denn Massage bedeutet, mit einem bestimmten Druck Gewebe zu verschieben. Das tun Sie mit der Bürste oder mit dem Striegel bereits, wenn Sie Ihr Pferd ordentlich putzen.

Streichung

Die Streichung schafft Vertrauen und dient der Kontaktaufnahme. Sie streichen mit der flachen oder leicht gebogenen Hand und mit wenig Druck. Schon diese leichte Berührung fördert die Durchblutung und beruhigt. Sie können längs streichen, in Kreisen oder in Achtern. Streichen Sie einfach mit dem Fellstrich und spüren Sie nach, wie angenehm das für Ihr Pferd ist.

Gewebeverschiebung bedeutet, dass Sie die Haut und die darunter liegenden Muskeln kreisförmig verschieben. Sie bleiben an der Stelle, die Sie berührt haben und bewegen die Haut.

Je nachdem, wo Sie sich befinden, können Sie mit kleinen Kreisen leicht das Gewebe verschieben oder mit größeren Kreisen und mit mehr Druck. Hier am Oberschenkel eignet sich beides.

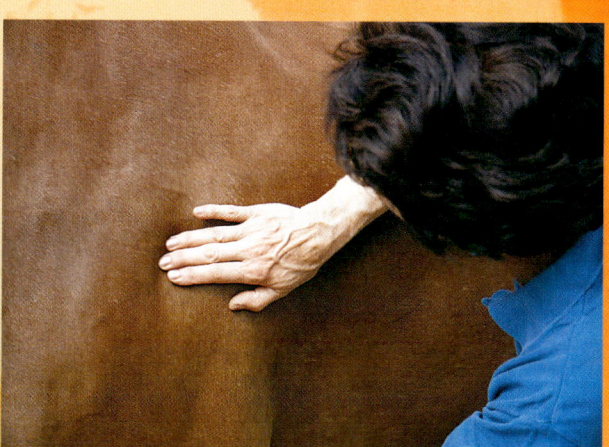

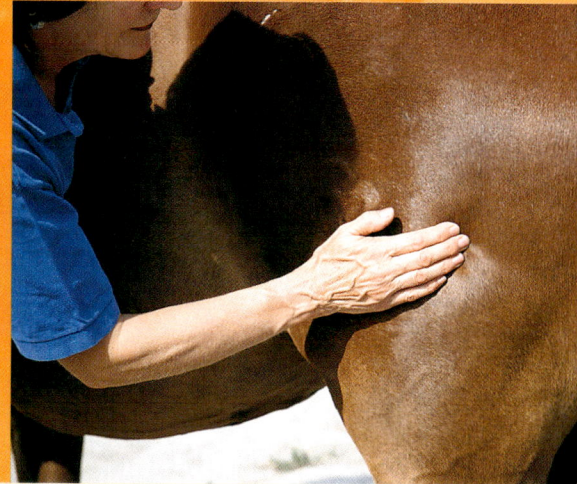

Gewebeverschiebung

Bei der Gewebeverschiebung streichen Sie nicht über die Haut, sondern Sie verschieben sie. Mit der flachen Hand, mit Zeige-, Mittel- und Ringfinger oder mit dem Handballen verschieben Sie die Haut und darunter liegende Schichten kreisförmig. Durch Gewebeverschiebungen lockern Sie Bindegewebsschichten und lösen Verklebungen im Bereich von Haut und Bindegewebe. Das Lösen dieser Verklebungen kann bei mangelhafter Vorbereitung schmerzhaft sein. Gewebeverschiebungen wirken stark durchblutungsfördernd. Am besten arbeiten Sie immer erst mit leichtem und dann mit etwas mehr Druck. Sie können an den Schultern, am Rücken, aber auch an den Beinen arbeiten und werden feststellen, dass dieser Griff dort ein intensiveres Körpergefühl hinterlässt.

Klopfen

Sie klopfen mit einer Faust oder mit beiden Fäusten abwechselnd mit weniger oder mehr Druck. Durch Klopfen entstehen feinste Erschütterungen (Vibrationen), deren Schwingungen sich in die Tiefe fortsetzen. Sie bewirken

Klopfen mit wenig Druck wirkt sehr entspannend. Die Vibrationen wirken in die Tiefe und erreichen auch weiter darunter liegende Schichten.

Klatschen können Sie auch an Kopf, Hals und an anderen empfindlichen Stellen. Wie immer kommt es auf die Stärke an, mit der Sie arbeiten.

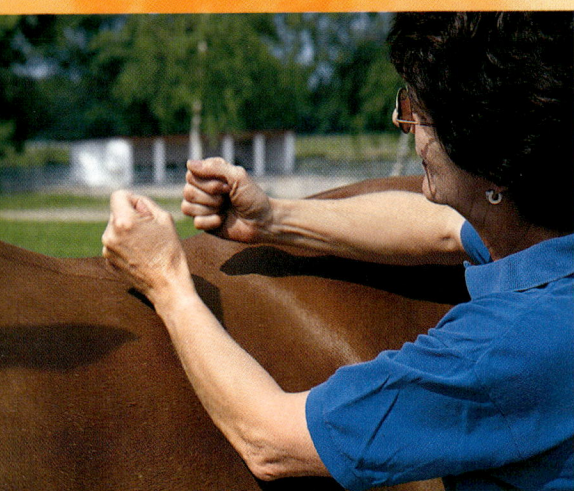
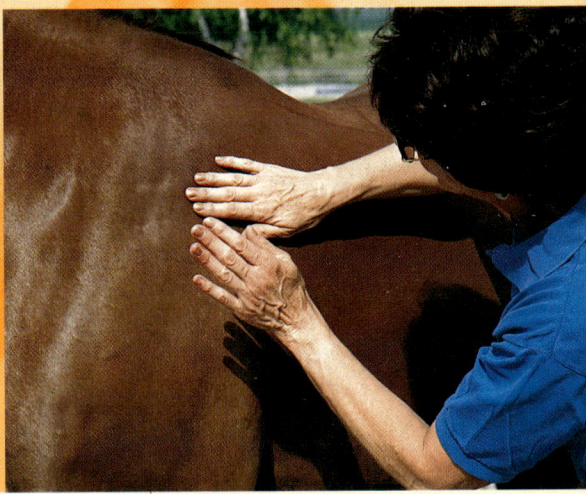

 ## Wichtig

Für starkes Klopfen eignen sich eher die großen und kräftigen Muskeln, beispielsweise die Kruppen- und Oberschenkelmuskulatur.

eine tiefe Entspannung des Gewebes und der Muskulatur. Sie werden feststellen, dass Klopfen lange nachwirkt. Der Grund dafür ist, wie zuvor schon angesprochen, dass sich die Vibrationen durch Klopfen ohne große Kraftanstrengung Ihrerseits in die Tiefe fortpflanzen und auch die darunter liegenden Muskelschichten erreichen. Klopfen Sie erst leicht, dann zum Vergleich stärker. Wählen Sie die Stellen, an denen Sie fester klopfen, vorsichtig aus, da Klopfen sehr intensiv wirkt. Klopfen Sie aber nicht direkt auf der Wirbelsäule und natürlich nicht am Kopf!

Klatschen

Im Unterschied zum Klopfen mit den Fäusten klatschen Sie mit Ihren Handflächen. Mit Ihren flachen Händen klatschen Sie einzeln oder abwechselnd auf den Körper. Dies tun Sie wie-

der erst mit leichtem Druck. Auch dabei entstehen leichte Erschütterungen, die sich in die Tiefe des Gewebes fortsetzen bis zu den Organen. Denken Sie an das lobende Abklatschen des Pferdes, das ebenso wirkt.

Kneifen

Sie kneifen, wenn Sie eine Hautfalte zwischen Daumen und Zeigefinger nehmen, sie kurz herausziehen und wieder loslassen. Tun Sie das mit einer Hand oder beiden Händen abwechselnd mehrere Male hintereinander, indem Sie eine Hautfalte nach der anderen herausziehen und wieder fallen lassen. Durch rasche Arbeitsweise wirkt Kneifen anregend auf die Blutzirkulation und weckt die Zellen auf. Sie stimulieren die Haut und lösen Bindegewebeverklebungen. Es geht aber nur dort, wo sich Hautfalten bilden lassen.

Beim Kneifen stimulieren Sie durch das Wegziehen der Hautfalten die Haut und lösen Bindegewebeverklebungen.

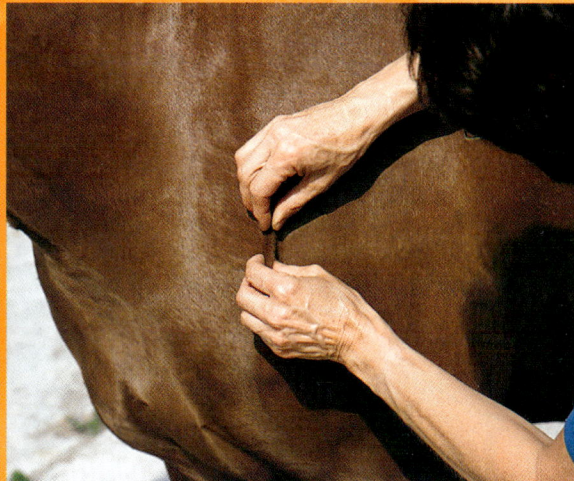

Gut kneten können Sie wie hier an der Oberarm- und Schultermuskulatur. Die Stellen, wo sich Haut- und Muskelfalten bilden lassen, sind von Pferd zu Pferd verschieden.

Kneten

Beim Kneten nehmen Sie eine größere und breitere Hautfalte zwischen Daumen und Zeige- und Mittelfinger beider Hände und schieben sie der Körperpartie entlang. Sie wandern dann mit der Hautfalte. Kneten ist ein Dehnen und Auspressen des Muskels und wirkt tief und intensiv. Es fördert den Stoffwechsel und kann den Muskel – je nach Kraftaufwand – entspannen oder anregen. Wählen Sie die Richtung, in der sich die Hautfalte gut verschieben lässt. Dazu müssen Sie wahrscheinlich etwas experimentieren.

An großen und starken Muskeln ist Kneten nicht sehr sinnvoll, hier ist Klatschen und Klopfen effektiver. Auch wenn sich viel Fett unter der Haut befindet, kann man nicht gut kneten. Dann verschieben Sie stattdessen eine Falte mit Ihrem Handballen.

„Bärentatzen"

Der letzte Griff sind die „Bärentatzen". Wer von Ihnen die Tellington-Methode gelernt hat, kennt sie: Die leicht gekrümmten Finger beider Hände (ausgenommen Daumen) tanzen wie Tatzen leicht und locker abwechselnd auf dem Körper. Auch Bärentatzen wirken – je nach Druckstärke – mehr oder weniger anregend. Wenn Sie nur leichte Bärentatzen tanzen lassen, schaffen

 Tipp **T**

Leichtes Streichen und anschließendes leichtes Klatschen lassen sich sehr gut verbinden. Damit stimulieren Sie erst die Nerven der Haut und dann anschließend die der Muskeln.

Leichte Bärentatzen wirken wie Klopfen und Klatschen ohne große Kraftanstrengung durchblutungsfördernd und entspannend.

Mit den Händen über das Pferd zu tanzen ist ein guter Abschluss der Massage. Beide, der Masseur und das Pferd, kehren damit in die Gegenwart zurück.

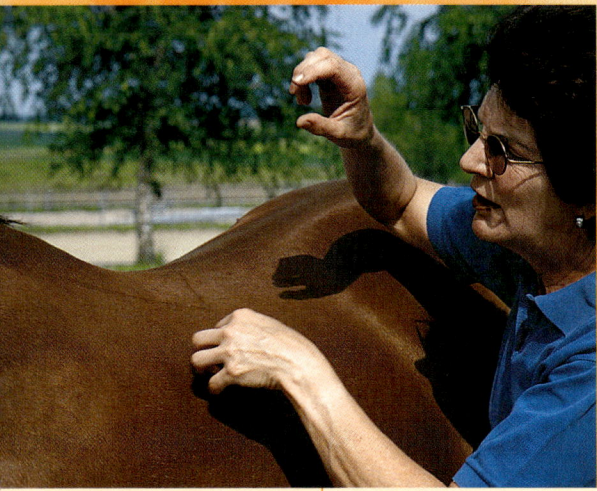
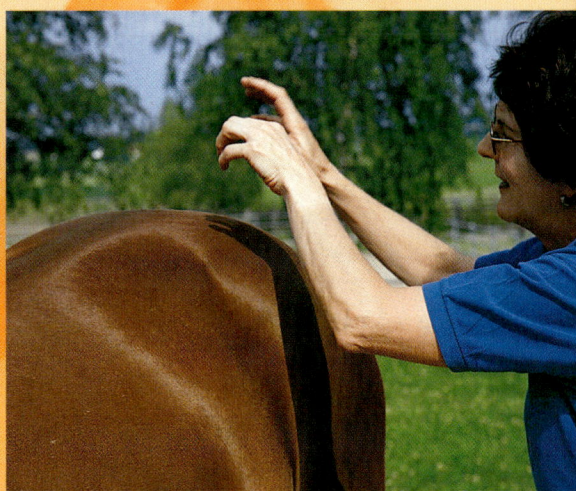

T Tipp

Einen Grundsatz sollten Sie bei jeder Massage befolgen: Fangen Sie immer mit leichtem Druck an!

Sie Entspannung, mit mehr Druck wirken sie anregend. Ich schließe meine Massagen gern mit leichten Bärentatzen ab. Erstens schafft dieser Griff wieder Abstand, falls Sie in die Massage „versunken" sind, zweitens macht es großen Spaß, so lebendig und fröhlich einen Abschnitt zu beenden und wieder in den Alltag zurückzukehren.

Das waren sieben verschiedene Grifftechniken, die Sie alle miteinander kombinieren können. Wie unterschiedlich sich die Griffe anfühlen, konnten Sie feststellen, wenn Sie die Griffe an sich selbst ausprobiert haben. An manchen Stellen war Ihnen wahrscheinlich mehr Druck angenehm, an anderen wieder fanden Sie nur leichten Druck entspannend.

Welche Griffe Ihrem Pferd besonders gut tun und mit wie viel Druck Sie massieren dürfen, werden Sie im Laufe der Zeit selbst herausfinden. Sie werden lernen, Kontakt mit dem Pferdekörper aufzunehmen und an bestimmten Stellen bestimmte Griffe anzuwenden. Sie werden später am Pferd feststellen, dass Sie Lieblingsgriffe entwickeln werden und solche, die Sie nicht so gerne anwenden. Es kommt ganz darauf an, welche Griffe Ihr Pferd besonders bevorzugt. Bleiben Sie im Zwiegespräch mit Ihrem Pferd und beobachten Sie stets seine Reaktion.

Wichtig W

Druckstärke:

Leichter Druck	1 – 3 kg
Mittlerer Druck	3 – 5 kg
Starker Druck	5 – 10 kg

Hier wird noch diskutiert, welche Massage es sein soll. Vielleicht erst eine ausgiebige Entspannung und dann eine kurze Stimulation?

Entspannung oder *Stimulation?*

Wollen Sie Ihr Pferd durch eine entspannende Massage in den Zustand des Wohlfühlens versetzen? Oder wollen Sie seine Leistungsbereitschaft durch eine stimulierende Massage an-regen? Sie haben die Wahl. Eines ist allerdings bei beiden Arten der Massage gleich: Sie fangen immer damit an, Ihr Pferd zu entspannen.

Was entscheidet bei Ihrer Massage darüber, ob sie entspannend oder stimulierend wirkt? Es sind vier Faktoren:

Check

Die wichtigsten Massagegriffe

○ Streichen mit der flachen Hand über das Fell dient der Kontaktaufnahme.

○ Gewebe mit den Fingern oder dem Handballen kreisförmig verschieben lockert Verklebungen und regt die Blutzirkulation an.

○ Klopfen mit den Fäusten bewirkt Entspannung des Gewebes durch die Vibrationen in der Tiefe.

○ Klatschen mit den Handflächen bewirkt ebenfalls Schwingungen, die sich breitflächig in die Tiefe fortsetzen.

○ Kneifen durch Hochziehen und rasches Loslassen von Hautfalten löst Bindegewebsverklebungen.

○ Kneten und Rollen einer Hautfalte mit beiden Händen lockert ebenfalls Bindegewebsverklebungen und regt die Zirkulation stark an.

○ Lockere Hände wie Bärentatzen leicht über den Pferdekörper tanzen lassen weckt die Zellen auf, ohne nervös zu machen.

1. Die Druckstärke, mit der Sie am Pferd arbeiten

Je nachdem, welchen Druck Sie bei Ihren Griffen anwenden, ist die Folge entweder Entspannung oder Stimulation. Die Reaktion Ihres Pferdes soll die Stärke des Drucks bestimmen. Prüfen Sie das Gewicht, das Sie in Ihre Hand oder Finger legen, indem Sie damit auf eine Waage drücken. Sie werden staunen, wie wenig Druck schon allein 5 kg Gewicht ausmachen. Das ist auch das Gewicht, mit dem Sie an Ihrem Pferd arbeiten. Leichter Druck geht bis 3 kg, mittlerer von 3 bis 5 kg, starker Druck 5 bis 10 kg. Testen Sie, wie sich beispielsweise eine Gewebeverschiebung bei Ihnen anfühlt, wenn die Waage 3, 5 oder 10 kg anzeigt.

2. Das Tempo, in dem Sie arbeiten

Langsames Arbeiten wirkt eher vertrauensfördernd und beruhigend. Verspannungen werden vorwiegend durch gleichmäßiges ruhiges Arbeiten gelöst. Auch Schmerzen können durch langsames Massieren gelindert werden.

Schnelles Arbeiten regt die Blutzirkulation stark an und wirkt stimulierend. Es ist geeignet vor dem Training und zum Beispiel beim Turniereinsatz.

3. Die Größe der Fläche, auf der Sie massieren

Je größer der Bereich ist, auf dem Sie arbeiten, desto schwächer und entspannender ist die Wirkung. Streichen mit der ganzen Hand über den Pferdekörper wirkt deshalb so entspannend.

Je kleiner der Bereich ist, desto stärker ist die Wirkung. Wenn Sie mit zwei Fingern in einem kleinen Kreis das Gewebe verschieben, steht nur diese Stelle im Mittelpunkt. Wenn Sie dies mit starkem Druck tun, ist die Reaktion stärker, als wenn Sie mit wenig Druck in einem großen Kreis das Gewebe verschieben.

4. Die zeitliche Dauer der Massage

Entspannende Massagen können ruhig länger dauern, bis zu einer Stunde. Stimulierende Massagen sollen kürzer sein. Es genügen nach einer anfänglichen Entspannungsphase schon fünf bis zehn Minuten.

Diese Faktoren entscheiden, ob Ihre Massage tatsächlich den erwünschten Effekt erzielt. Aus Erfahrung kann ich Ihnen sagen, dass die größten anfänglichen Fehler mit zu großer Druckstärke gemacht werden. Fangen Sie also immer mit ganz wenig Druck an!

Entspannung oder Stimulation

Entspannende Massagen sind z. B. Streichen mit leichtem Druck, auch Streicheln, leichtes Verschieben von Gewebe und Vibrieren durch leichtes Klopfen, sogar Kneten. Sie arbeiten entweder mit der ganzen Hand, mit

Zeige- und Mittelfinger oder mit der Bürste. Die Richtung geht mit dem Haarstrich. Sie können auch große oder kleine Kreise und Achter beschreiben.

Stimulierende Massagen sind Massagen mit mittlerem bis starkem Druck. Sie können mit mehr Druck streichen, in kleinen Kreisen das Gewebe verschieben, klatschen, klopfen, kneten usw. Tun Sie das mit Ihren Fingern, der ganzen Hand oder der Faust.

Tipp

Grundsätzlich können Sie alle vorher beschriebenen Griffe sowohl zur Entspannung als auch zur Stimulation einsetzen. Es kommt auf die Größe der Arbeitsfläche an und darauf, mit wie viel Druck und wie schnell Sie arbeiten.

Entspannung	Stimulation
Leichter Druck	Mehr Druck
Langsames Arbeiten	Schnelles Arbeiten
Große Fläche	Kleine Flächen
Lange Dauer	Kurze Dauer

Fangen Sie niemals gleich mit starkem Druck an zu massieren. Wenn Sie Ihr Pferd stimulieren wollen, muss es vorher entspannt sein.
Bereiten Sie das Gewebe erst langsam vor. Bei der darauf folgenden Stimulation können Sie dann für kurze Zeit auf kleinen Flächen schnell und mit mehr Druck arbeiten. Diese Methode ist gerade vor dem Training sinnvoll.

für Schritt

Hier finden Sie ein Beispiel, wie eine Massage praktisch ablaufen kann. Ob Sie die einzelnen Schritte an Ihrem Pferd genauso nachvollziehen können, finden Sie in der Anwendung schnell heraus. Es gibt für die Pferdemassage keine festen Regeln. Probieren Sie es einfach aus!

Vor der Massage

Die Entscheidung, mit welchen Griffen und mit wie viel Druck Sie arbeiten, müssen Sie immer dem Wohlbefinden und der Reaktion des Pferdes anpassen. Halten Sie intensiv Zwiesprache mit Ihrem Pferd!

Um den Erfolg Ihrer Massage zu garantieren, haben Sie noch einige wichtige Dinge in Ihrer Umgebung und für Ihre persönliche Sicherheit zu berücksichtigen. Hier sind ein paar Tipps, worauf Sie achten sollten:

Suchen Sie sich eine Person, die Ihnen bei Ihrer ersten Massage hilft. Sie können Ihr Pferd natürlich auch anbinden, aber es wird ihm sicher besser gefallen, wenn es während der Massage an Halfter und Strick gehalten wird und nicht das Gefühl hat, fixiert zu sein.

▶ Ruhe und Vorbereitung sind wichtig

Massieren Sie an einem Ort und zu einem Zeitpunkt, an dem rundherum Ruhe herrscht, denn die äußeren Bedingungen entscheiden mit über Erfolg oder Misserfolg Ihrer Massage. Massieren Sie deshalb nicht, wenn die Fütterung kurz bevorsteht oder aus einem anderen Grund im Stall große Unruhe herrscht.

Nehmen Sie Ringe, Armbänder und Ihre Uhr ab. Sie könnten damit hängen bleiben, wodurch Sie sich oder Ihr Pferd verletzen würden.

Benutzen Sie ein gutes Massageöl. Sonst wird die Haut Ihrer Hände durch Pferdehaare, Körperfett und verbliebenen Schmutz zu stark beansprucht. Lange Fingernägel passen nicht zum Massieren, denn sie erleiden sicher Schaden und bohren unnötig ins Pferd.

Massage gefällig? Wenn Pferde fressen, ist nicht der richtige Zeitpunkt für eine Massage.

Am Anfang Ihrer Massage streichen Sie mit der flachen Hand über das ganze Pferd. Das schafft Vertrauen und schon einen ersten Überblick über den Zustand der Haut und Muskulatur.

T Tipp

Ist alles vorbereitet, dann kann es losgehen. Konzentrieren Sie sich ab jetzt nur noch auf Ihr Pferd und lassen Sie sich nicht mehr stören.

Atmen Sie gleichmäßig und ruhig und entspannen Sie sich selbst, so gut es geht. Vergessen Sie für den Moment Ihre Probleme. Das ist leicht gesagt, aber sehr wichtig.
Wenn Sie selbst verspannt und mit den Gedanken nicht bei der Sache sind, wird Ihr Pferd diese Verspannungen übernehmen und Sie die Verspannungen Ihres Pferdes. Damit ist Ihnen und Ihrem Pferd auch nicht geholfen.

Aktivieren Sie Ihre Erinnerung an das, was Sie gefühlt haben, als Sie Ihr Gesicht massiert haben: Ruhe und Konzentration.
Versetzen Sie jetzt dieses Gefühl in die Gegenwart und schöpfen Sie daraus. Das ist nur zu Anfang schwierig, denn bald wird Sie die Faszination des Zwiegesprächs mit Ihrem Pferd erfassen, und dann vergessen Sie ohnehin alles um sich herum.

Was Sie vor der Massage beachten sollten

○ **Finden Sie jemanden, der Ihr Pferd hält.**

○ **Wählen Sie einen ruhigen Ort und Zeitpunkt.**

○ **Legen Sie Ringe, Armbänder und Uhr ab.**

○ **Verwenden Sie ein gutes Massageöl.**

○ **Lassen Sie Ihre Probleme draußen.**

○ **Denken Sie an die Abstandshand.**

○ **Nutzen Sie Ihr eigenes Körpergewicht.**

○ **Waschen Sie Ihre Hände vor und nach der Massage.**

Abstandshand einsetzen Wenn Sie mit einer Hand arbeiten, dann lassen Sie möglichst die andere Hand am Pferd. Falls es sich wehrt und zur Seite tritt, haben Sie eine „Abstandshand", mit der Sie das Pferd daran hindern können, Ihnen auf die Füße zu treten oder Sie gar umzuwerfen.

Eigenes Körpergewicht einsetzen Setzen Sie Ihr eigenes Körpergewicht ein, wenn Sie mit mehr Druck arbeiten. Das spart Kraft und außerdem schonen Sie so Ihre Gelenke: Lehnen Sie sich mit Ihrem Körpergewicht auf die Hand, mit der Sie am Pferd arbeiten, und erhöhen Sie damit die Druckstärke. So nutzen Sie Ihr eigenes Gewicht aus. Sonst könnte es sein, dass Sie selbst nach der Massage Verspannungen in Arm, Schulter und Hals haben.

Händewaschen vor und nach der Massage ist ein absolutes Muss! Erstens ist das eine Frage der Hygiene und zweitens nehmen Sie bei der intensiven Berührung die Schwingungen Ihres Pferdes in Ihre Hände auf. Das kann sich im Falle von Verspannungen sehr negativ auf Sie auswirken. Waschen hilft.

Wenn ich von allen Vorbereitungen, die bisher zu nennen waren, die wichtigste nennen sollte, dann wäre es folgende: Lassen Sie sich unvoreingenommen und mit allen Sinnen auf die Erfahrung ein, Ihr Pferd neu zu entdecken!

Körpermassage

Zur Einleitung Ihrer Massage streichen Sie Ihr Pferd vom Kopf bis zum Schweif mit einer oder beiden Händen in langen Strichen. Die Druckstärke ist etwa wie beim Putzen – nicht zu fest und nicht zu weich. Streichen Sie vom Kopf über den Hals zur Brust, über Schulter, Buggelenk, Ellbogen, auch die Vorderbeine hinunter, dem Bauch entlang, auf Kruppe, Oberschenkel und Hinterbeine. Ihre Bewegungen sind großzügig und ganz ruhig. Wickeln Sie Ihr Pferd rundherum regelrecht in Ihre Streichungen ein.

Nach diesem ersten Kontakt mit dem Pferdekörper gleiten Sie zunächst mit Ihrer ganzen Hand noch einmal, aber dieses Mal schon etwas fester, aufmerksam über Hals, Rücken, Bauch und Kruppe, um Auffälligkeiten aufzuspüren. Fühlen Sie nach: Ist es hier fester oder weicher, wärmer oder kälter als im benachbarten Gebiet?

An Stellen, die wärmer sind, streichen Sie nur leicht, um sie nicht noch mehr zu durchbluten. Kältere Stellen aktivieren Sie mit festerem Reiben, um die Durchblutung anzuregen.

An Verspannungen arbeiten Sie bei Ihrer späteren Massage folgendermaßen: Sie verschieben das Gewebe großflächig und mit leichtem Druck. Sie tun das kreisförmig mit Ihren Fingern oder mit der ganzen Hand. Je nachdem, wo sich die Verspannung befindet, arbeiten Sie mit mehr oder weniger Druck. An der Kruppe dürfen Sie das Gewebe mit mehr Druck verschieben, während Sie das Gewebe am Armkopfmuskel nur sehr leicht verschieben sollten. Wenn dieser Muskel verspannt ist, dann bleiben Sie bei sanften Streichungen.

Wenn Sie sich zu den tieferen Verspannungen vorarbeiten dürfen, dann arbeiten Sie dort mit Daumen oder zwei Fingern. Lernen Sie, auf die Muskulatur zu hören. Provozieren Sie keine neuen Verspannungen, indem Sie mit zu starkem Druck arbeiten, sondern achten Sie auf die Toleranzgrenze. Wenn Ihr Pferd unruhig wird, auf den Boden stampft, ausweicht oder sonst ein Zeichen dieser Art gibt, dann massieren Sie zu fest. Beruhigen Sie, indem Sie wieder über das Gebiet streichen oder

Wichtig

Wenn Sie Ihr Pferd vor der Massage in Streichungen „einwickeln", dann erforschen Sie seine Stimmung und Verfassung. Vergessen Sie dabei nicht, selbst gleichmäßig zu atmen. Sie können im Rhythmus streichen und atmen. Verkrampfen Sie sich nicht, sondern genießen Sie die Harmonie Ihrer Bewegungen. So bereiten Sie Ihr Pferd auf die Massage vor und wirken schon entspannend ein. Die Botschaften, die Sie dabei von Ihrem Pferd bekommen, sind Maßstab für Ihre folgende Massage.

OBEN: **Am großen Kaumuskel können sich Verspannungen der Vorhand nieder-
lassen und umgekehrt. Leichte Gewebeverschiebungen wirken entspannend.**
UNTEN: **Wenn Sie die Ohren nicht sofort massieren dürfen, dann versuchen Sie es
später noch einmal. Gewöhnen Sie Ihr Pferd an die Berührung der Ohrspitzen
(Notfallpunkt!).**

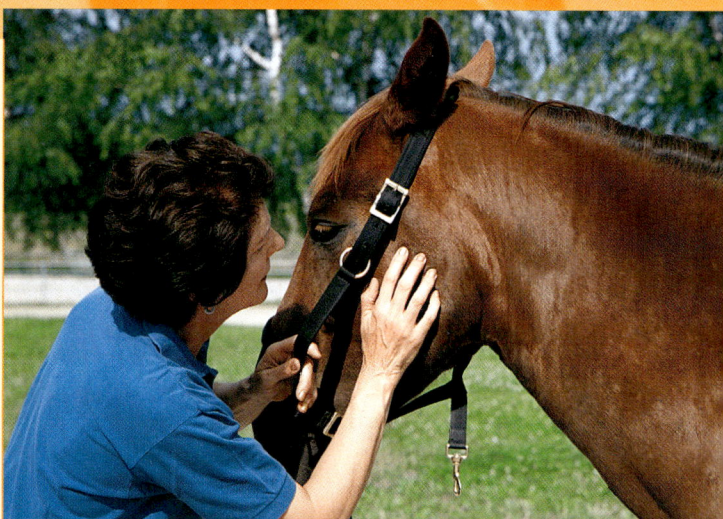

leicht mit den Händen vibrieren.
Lassen Sie diese Stelle erst einmal in
Ruhe und kommen Sie eventuell später
darauf zurück.

Vom Kaumuskel zum Sitzbein

Das war die Vorbereitung. Im Hauptteil
Ihrer Massage prüfen Sie jetzt syste-
matisch das ganze Pferd mit Ihren
Händen und Ihren Sinnen durch. Fangen Sie auf einer Seite Ihres Pferdes
am Kopf an.

Ist der Kaumuskel verspannt? (Foto
S. 51 oben) Streichen Sie einige Male
mit Ihrer Hand beruhigend in kleinen
und großen Kreisen. Spüren Sie nach,
ob Sie Verhärtungen in dem großen
Muskel fühlen. Zahnprobleme könnten
die Ursache dafür sein.

**Als Nächstes streichen Sie die Ohren
aus**, indem Sie mit zwei Fingern die
Ohrränder von außen nach innen massieren. Ziehen Sie die Ohren lang und
danach massieren Sie noch die Ohrspitzen. An den Ohrspitzen befinden
sich Notfallpunkte. Bei Schock, Kolik
oder sonstigen Problemen tut dort eine
Massage gut und hilft.

Gleiten Sie mit Ihrer Hand abwärts,
der Halswirbelsäule entlang (Armkopfmuskel) und spüren Sie. In entspann-

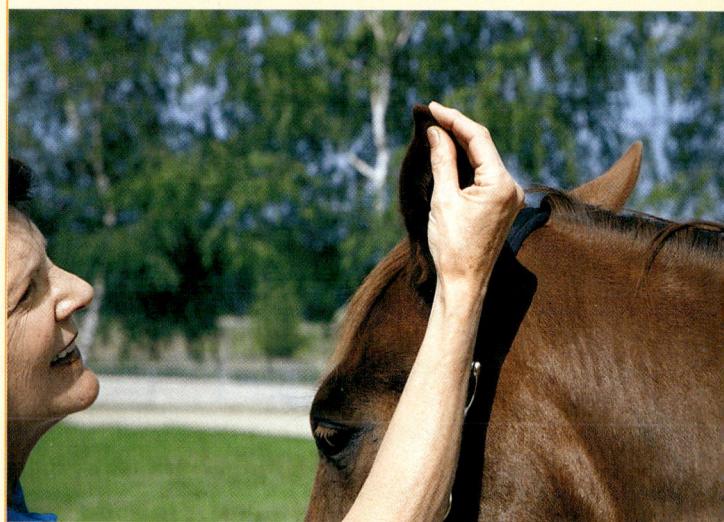

tem Zustand können Sie den Armkopfmuskel mit einer Hand greifen und hin
und her schaukeln. Streichen Sie mit
leichtem oder mittlerem Druck ab-

Wenn die Halsmuskeln verspannt sind, dann streichen Sie nur leicht von oben nach unten aus. Auch ganz leichtes Klatschen hilft.

An verspannten Brustmuskeln streichen Sie leicht, an weichen Muskeln verschieben Sie das Gewebe kräftig und kreisförmig.

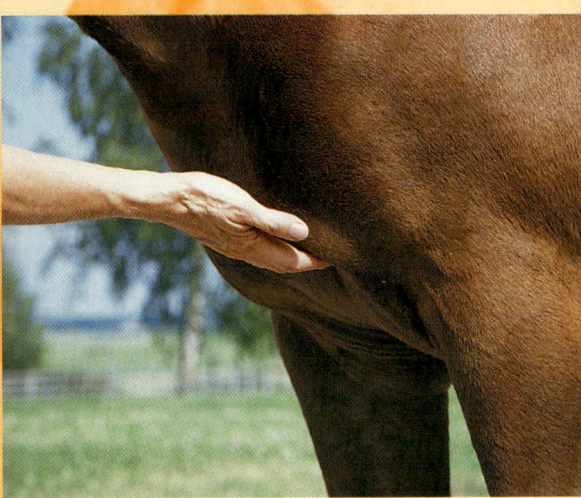

wärts und massieren Sie dann mit kreisenden Bewegungen.

Ihr Pferd soll bei dieser Massage den Kopf senken und nicht in die Höhe reißen. Der Armkopfmuskel ist aber häufig verspannt, und das Pferd wehrt sich. Dann streichen Sie nur leicht.

Die Brustmuskeln (Foto S. 52 rechts) massieren Sie mit der ganzen Hand kreisend. Wenn Ihr Pferd genussvoll den Kopf senkt, dann werden Sie ruhig etwas fester. In der Rinne zwischen Brustmuskeln und Buggelenk ist auch wieder eine wichtige Stelle. Wenn Sie dort massieren, stärken Sie das Gleichgewicht und das Selbstbewusstsein Ihres Pferdes.

Das Schulterblatt (Foto S. 53 links) nehmen Sie sich als nächstes vor. Der obere Teil des Schulterblatts ist ein

großer breiter Knorpel. Darüber verläuft der Trapezmuskel in zwei Richtungen: ein Anteil des Muskels in Richtung Kopf, der andere Anteil in Richtung Rücken. Erspüren Sie die Ränder des Schulterblatts und tasten Sie die beiden Muskelanteile ab. Sind dort Verspannungen? Wie reagiert Ihr Pferd auf die Berührung?

Verschieben Sie dort das Gewebe, streichen oder klopfen Sie leicht. Speziell am oberen Rand des Schulterblatts finden sich häufig Verklebungen, weshalb Sie dort mit etwas mehr Druck arbeiten.

Das Buggelenk (Foto S. 53 rechts) Kommen Sie dann mit Ihrer Hand zum Buggelenk und streichen Sie sanft kreisend darum herum. Gelenke sollen – wie Sie wissen – nicht fest massiert werden. Vielleicht können Sie am Bug-

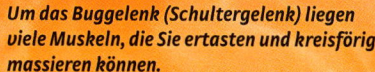

Beginnen Sie am Schulterblattknorpel und fahren Sie mit Ihren Fingern an den Rändern des Schulterblatts rechts und links herunter.

Um das Buggelenk (Schultergelenk) liegen viele Muskeln, die Sie ertasten und kreisförig massieren können.

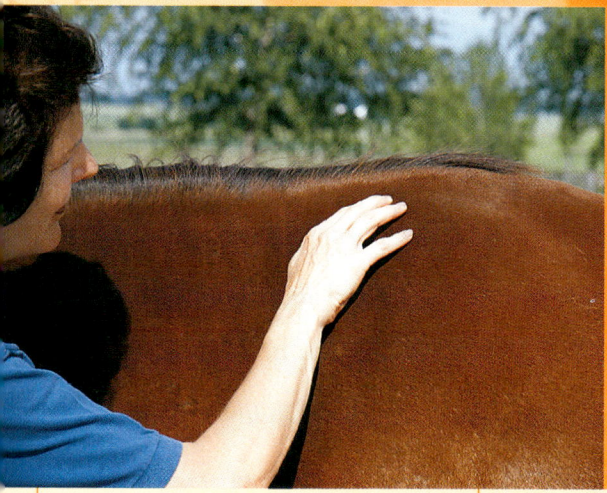

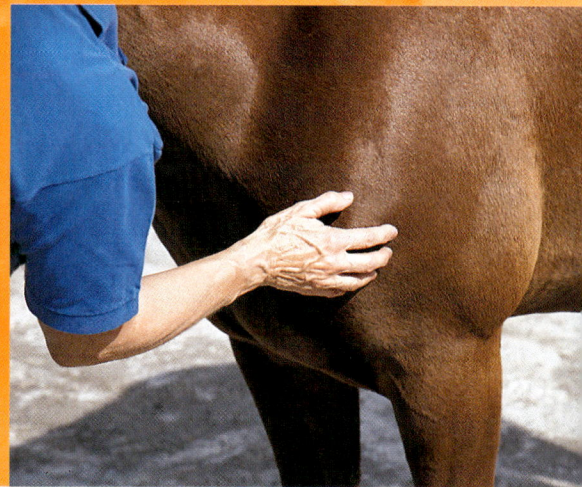

gelenk verschiedene Muskelansätze spüren, die Sie dann etwas fester behandeln dürfen.

▸ **Das Ellbogengelenk** Als Nächstes wandern Sie mit Ihrer Hand zu den Muskeln am Ellbogen Ihres Pferdes. Tun Sie das zunächst nicht zu fest, denn viele Pferde sind am Ellbogen empfindlich. Wenn aber das Gegenteil der Fall ist, dann streichen, klopfen, kneten Sie die Muskeln dort – manche Pferde fallen bei dieser Berührung geradezu in Trance. Das Gelenk selbst streichen Sie nur.

▸ **Das Vorderfußwurzelgelenk** (Foto S. 54 links) An den Muskeln des Vorderfußwurzelgelenks sieht man bei vielen Pferden deutlich drei Muskelstränge. Hier können Sie die Ränder abtasten und auch die Muskeln mit einem oder zwei Fingern kräftig massieren.

▸ **Umfassen Sie den Unterarm** des Pferdes mit beiden Händen und streichen Sie langsam das ganze Pferdebein über das Vorderfußwurzelgelenk, das Röhrbein und das Fesselgelenk hinab.

Tipp

Auch vor dem Training ist eine kurze Entspannung hilfreich, denn nur ein entspannter Muskel kann sich wieder anspannen.
Stimulieren Sie Ihr Pferd anschließend durch eine kurze, kraftvolle Massage, z. B. durch Klatschen und Klopfen, an den Stellen, die Ihr Pferd mag. Schließen Sie diese Trainingsvorbereitung wieder mit einer Streichung ab.

Umfassen Sie die Gelenke und streichen Sie mit etwas Druck herum. Auch die darunter liegenden Knochenhäute reagieren positiv auf Berührung.

Wenn Sie mit Ihren Fingern an den Kronrändern von der Fesselbeuge an rechts und links nach vorn streichen, findet ein Energieausgleich statt.

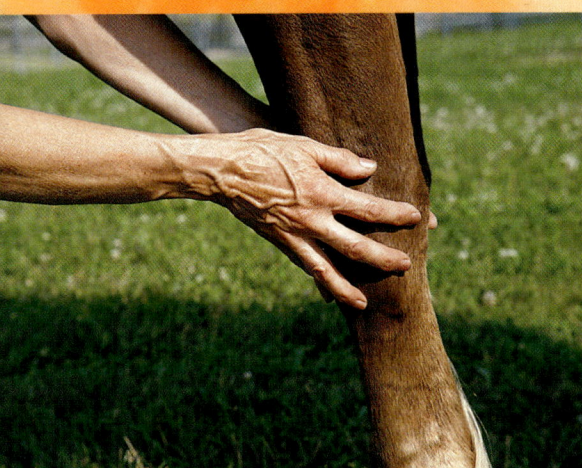

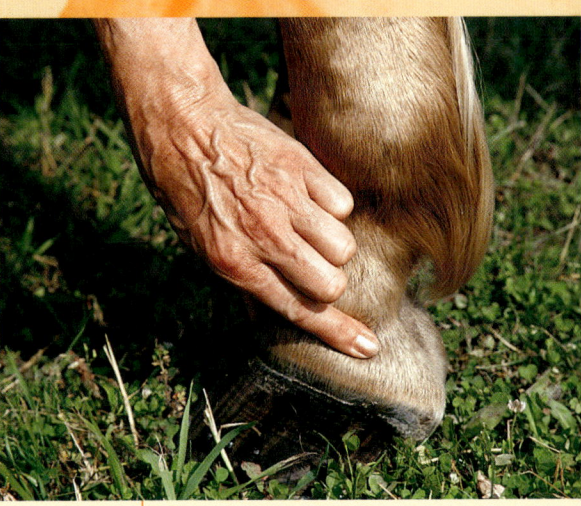

Um den Kronrand (Foto S. 54 rechts) fahren Sie mit Ihrem Zeige- oder Mittelfinger rechts und links herum. Sie fangen jeweils in der Fesselbeuge an und enden an der vorderen Mitte. Am Kronrand beginnen oder enden die Körpermeridiane. Wenn Sie die Anfangs- und Endpunkte der Meridiane, die man Tingpunkte nennt, hier verbinden, machen Sie einen Energieausgleich.

Die Wirbelsäule (Foto S. 55 links) Nun kommen Sie zurück zur Wirbelsäule. Streichen Sie einige Male die ganze Wirbelsäule entlang, vom Widerrist bis zum Ende der Schweifrübe. Lassen Sie dabei den Wohlfühleffekt Ihres Pferdes über den Druck entscheiden, mit dem Sie das tun. Sie können im Zickzack entlangstreichen, klopfen, klatschen usw. Tun Sie es zunächst mit großen Bewegungen. Wenn Ihr Pferd bei der

Berührung seines Rückens schon zusammenzuckt, dann streichen Sie nur leicht. Bei Schmerzen wird immer nur leichter Druck angewendet. Genießt Ihr Pferd aber die Berührung seitlich der Wirbelsäule, dann klatschen oder streichen Sie ruhig mit mehr Druck. Besonders auf der Kruppe können Sie schon fest klatschen und klopfen, sodass die festen und starken Muskeln vibrieren.

Die Zwischenrippenmuskulatur (Foto S. 55 rechts) Versuchen Sie dann mit einem oder zwei Fingern die Zwischenrippenmuskulatur zu finden und ihr zu folgen. Sie befindet sich jeweils zwischen zwei Rippen. Fahren Sie dort hinunter bis zum Bauch. Fangen Sie vorne bei den ersten Rippen an und wandern Sie von Zwischenraum zu Zwischenraum. Das ist manchmal leichter gesagt als getan, weil manche

T *Tipp*

Achten Sie immer darauf, welche Druckstärke Ihrem Pferd angenehm ist.

Passen Sie die Massage am Rücken des Pferdes seiner Toleranzgrenze an. Bei Verspannungen streichen Sie erst nur leicht und steigern den Druck dann langsam.

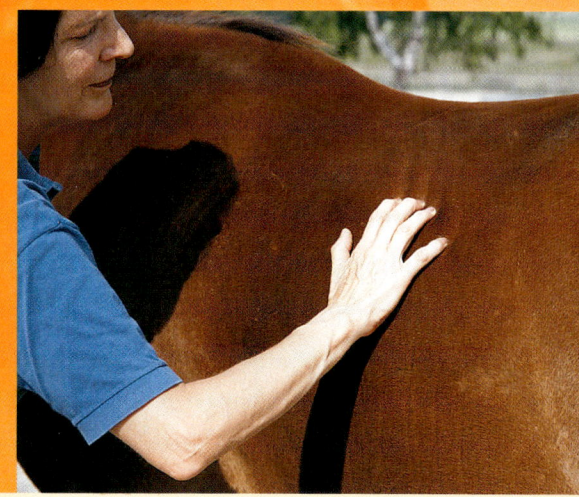

Durch die Massage der Zwischenrippen-muskulatur wird die seitliche Flexibilität des Pferdes erhöht.

Pferde ein bisschen zu viel Speck auf den Rippen haben und man die Zwischenräume kaum finden kann. Macht nichts, dann stellen Sie sich die Zwischenräume auf Ihrer Suche einfach vor und massieren ein wenig im Zickzackverlauf.

Wieder auf der Kruppe (Foto S. 56 links) angekommen, arbeiten Sie mit dem Handballen oder mit der ganzen Hand. Hier eignen sich Streichen, Gewebeverschiebung, Klopfen, Kneten, Bärentatzen, da es sich um große und starke Muskeln handelt. Hier können Sie sich austoben und Ihre Hände so richtig tanzen lassen.

Der Oberschenkel (Foto S. 56 rechts) An den Muskeln des Oberschenkels Ihres Pferdes können Sie mit der ganzen Hand klopfen, kneten und breite Hautfalten mit Ihrer Hand nach oben schie-

ben. Auch Bärentatzen empfinden die meisten Pferde als angenehm.

Das Kniegelenk (Foto S. 57 links) Wenn es Ihr Pferd erlaubt, dann streichen Sie um das Kniegelenk herum. Tun Sie das aber nicht fest, denn Sie wissen, Gelenke massieren Sie nicht. Das Kniegelenk mit seiner vorgelagerten Kniescheibe ist bei vielen Pferden berührungsempfindlich. Was viele Pferde aber mögen, ist, wenn Sie innen oberhalb des Knies mit Ihrer ganzen flachen Hand hinaufstreichen, bis Sie an die Bauchdecke stoßen. Genau dort nämlich sind wichtige Lymphzentren, die Sie so aktivieren können.

Wadenmuskel (Foto S. 57 rechts) Schließlich nehmen Sie sich noch den Wadenmuskel und den Zehenstrecker zwischen Knie und Sprunggelenk vor. Hier dürfen Sie wieder fester arbeiten.

An der großen und von Natur aus festen Kruppen-muskulatur dürfen Sie Ihre Kräfte spielen lassen, solange Ihr Pferd sich dabei entspannt.

Die Muskeln des Oberschenkels können Sie mit der Hand oder dem Handballen verschieben, klopfen und klatschen.

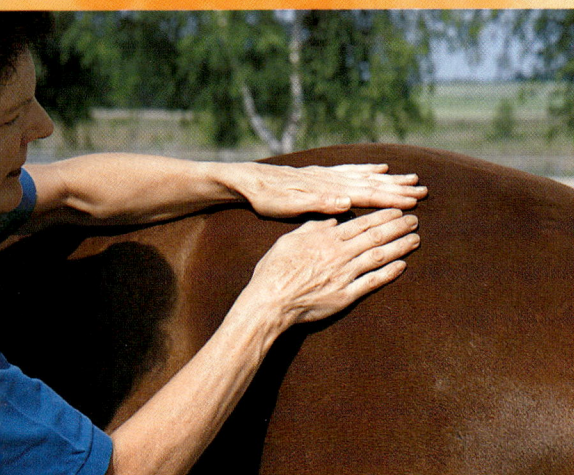

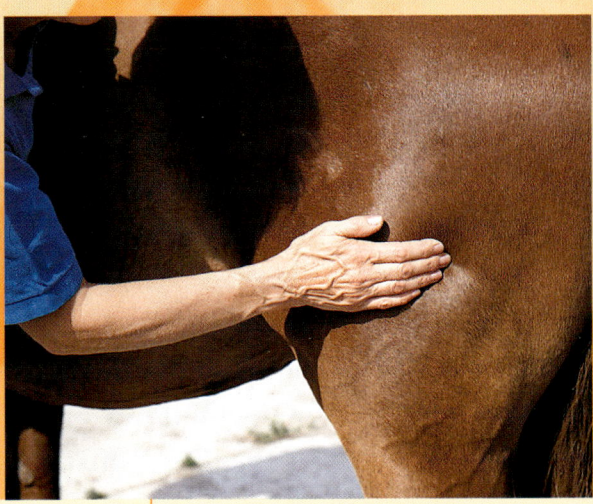

Manchmal sind diese Muskeln gut aus-gebildet, und Sie können ihnen mit Ih-ren Fingern kräftig nachspüren. Hier können Sie fest streichen – eventuell im Zickzackverlauf – und auch so man-chen anderen Griff ausprobieren. Pas-sen Sie aber auf, die Hinterhand kann bei Nichtgefallen recht gefährlich wer-den. Denken Sie also bitte besonders hier an die Abstandhand.

Genauso wie Sie es beim Vorderbein gemacht haben, streichen Sie jetzt das Hinterbein mit beiden Händen über den Unterschenkel, das Sprunggelenk, das Röhrbein, das Fesselgelenk bis zum Kronrand. Dort streichen Sie wieder die Tingpunkte von hinten nach vorne.

Zum Schluss suchen Sie noch das Sitz-bein (Foto S. 58). Es befindet sich schräg abwärts unterhalb der Schwei-frübe. Hier manifestiert sich Angst, und

deshalb lassen sich am Sitzbein oft große Verspannungen feststellen. Mas-sieren Sie um das Sitzbein herum, in-dem Sie mit sanftem bis mittlerem Druck Gewebe verschieben.

Dann gehen Sie auf die andere Seite Ihres Pferdes. Werfen Sie aber, bevor Sie beginnen, einen prüfenden Blick auf Ihr Pferd: Wie ist sein Blick? Schaut es gelassen und entspannt oder ist es ungeduldig? Bis hierher sollte es schon einige Male abgekaut und vielleicht auch schon gegähnt haben. Das sind si-chere Zeichen der Entspannung. Wenn dem nicht so ist, dann ist der Entspan-nungszustand noch nicht erreicht.

Massage abbrechen Wenn Ihr Pferd sehr unruhig ist, dann brechen Sie die Massage besser ab. Vielleicht ist es im Stall unruhig geworden. Vielleicht war auch der Druck Ihrer Massage zu groß

Tipp

**Wo Ihr Pferd kitz-lig ist oder leichte Berührung nicht mag, können Sie es mit festerem Strei-chen oder Reiben versuchen.
Bitte kneifen Sie an solchen Stellen nicht.**

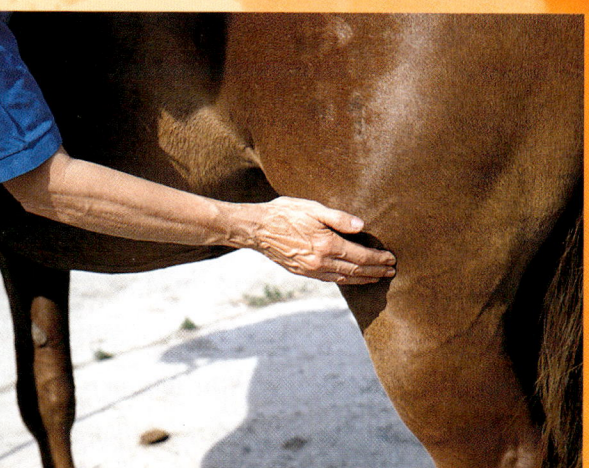

Am Knie selbst massieren Sie nicht, aber um das Knie herum finden Sie Muskelstränge, die Sie leicht massieren können.

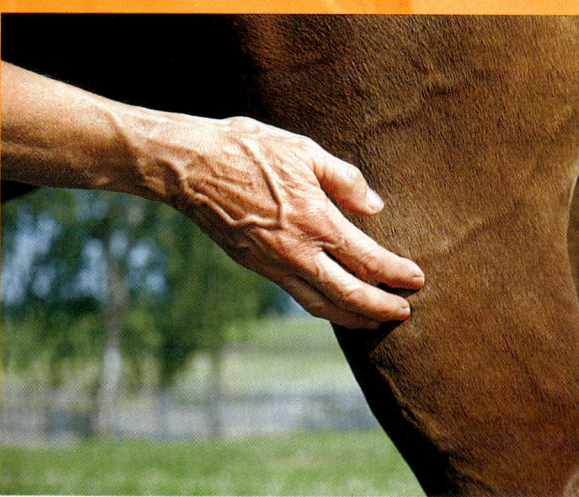

Sowohl Gewebeverschiebungen als auch kräftiges Massieren der Wadenmuskulatur wirken entspannend und entsprechend durchblutungsfördernd.

oder Sie selbst wurden abgelenkt und sind nicht mehr bei der Sache. Bevor Sie aber die Massage abbrechen, machen Sie noch irgendetwas, von dem Sie wissen, dass es Ihr Pferd genießt. Sie haben sicher Stellen entdeckt, bei welchen es sich entspannt. Wichtig ist, dass Ihr Pferd eine gute Erinnerung behält, auch wenn vielleicht etwas schief gegangen ist. Das kann immer einmal vorkommen.

Beide Pferdeseiten vergleichen
Wenn alles gut gelungen ist und Ihr Pferd mit gesenktem Kopf völlig entspannt dasteht, dann gehen Sie auf der zweiten Seite genauso vor wie auf der ersten. Erkunden Sie die Muskeln vom Kopf bis zum Hinterbein. Merken Sie sich, welche Besonderheiten Sie gefunden haben, und vergleichen Sie anschließend die beiden Seiten. War eine Seite verspannter als die andere?

Hat Ihr Pferd auf beiden Seiten gleich reagiert? Passt die Erfahrung eventuell zu reiterlichen Problemen?

Sie beenden die Massage, wie Sie angefangen haben: mit einer Streichung. Sie haben Leben in die Zellen gebracht, und jetzt soll durch die Streichung wieder Ruhe und Geschlossenheit einkehren. Sie streichen rundum und bringen den Pferdekörper wieder in einen ganzheitlichen Zustand. Ist Ihr Pferd jetzt entspannt, kaut und gähnt es? Das ist der Zustand, den Sie erreichen wollen. Manche Pferde stehen nach der Massage noch einige Minuten wie Statuen, als ob sie darauf warten würden, dass noch etwas kommt.

Wenn Sie die Massage mit leichtem Klatschen oder Bärentatzen beenden, wird Ihr Pferd gleich wieder „aufwachen" und trotzdem entspannt sein.

Am Sitzbein lassen sich Verspannungen nieder, die Sie mit Gewebeverschiebungen am und um das Sitzbein herum lösen können.

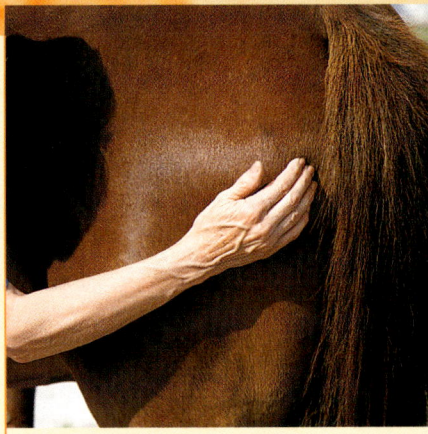

Gönnen Sie Ihrem Pferd nach so einer entspannenden Massage eine Ruhepause. Durch die Massage kommen eine Menge Stoffwechselprodukte in den Kreislauf zurück. Es braucht etwas Zeit, bis der Körper sie wieder entsorgt hat.

Wenn Sie Ihr Pferd aufs Arbeiten oder eine bevorstehende Prüfung vorbereiten, dann werden Sie es nicht in die totale Entspannung führen, sondern nach der anfänglichen Streichung und kurzen Entspannung stimulieren. Rasche, etwas kraftvollere Bewegungen, Klopfen und Klatschen wirken Tonus steigernd und machen die Muskeln leistungsbereit. Vorausgesetzt, Ihr Pferd konnte sich davor entspannen,

denn nur ein entspannter Muskel kann sich wieder anspannen. Abschließend streichen Sie noch einmal das ganze Pferd.

Resümee Ihrer Massage Vielleicht ist es ein Abenteuer geworden, eine so nahe Korrespondenz mit dem Pferd zu führen. Was Sie in dieser Stunde einer entspannenden Massage von Ihrem Pferd erfahren haben, wird Sie weiterführen. Selbst wenn Sie abbrechen mussten, ist das eine Erfahrung, aus der Sie lernen können. Sie werden Ihr Pferd und seine Welt viel besser verstehen lernen, denn Sie sind nun sensibel geworden für das, was sich unter seiner Haut abspielt.

Je öfter Sie dieses Abenteuer eingehen, umso mehr werden Sie erfahren. Die Fragen: „Was hat sich seit der letzten Massage geändert, was ist besser geworden, was ist neu aufgetreten?", werden Sie beschäftigen.

W   *Wichtig*

Zwischenbilanz der Massage: Beobachten Sie Ihr Pferd immer wieder. Kaut es ab und gähnt, dann ist Ihr Weg richtig. Ist es unruhig oder gar unwillig, dann prüfen Sie, ob das Ambiente noch stimmt oder ob Sie vielleicht doch zu fest massiert haben. Es gibt Tage, da geht es einfach nicht, und man weiß nicht warum.
Brechen Sie dann die Massage ab und fangen Sie zu einem späteren Zeitpunkt wieder neu an.

Ruby hat die Massage genossen. Die Unterlippe hängt herunter und er lauscht mir aufmerksam und ganz entspannt.

So können Sie Ihrem Pferd tatsächlich helfen, ein gutes, lockeres und ausgeglichenes Leben zu führen.

Die Grifftechniken und auch die Druckstärke werden für Sie zur Routine werden. Wenn Sie jetzt noch ein bisschen unsicher sind, kann ich Sie beruhigen: Wenn Sie nicht gerade in einen Schmerzpunkt hineinbohren, können Sie gar nicht so viele Fehler machen.

Tipp **T**

Massagetagebuch schreiben
Legen Sie sich ein Massagetagebuch zu, in dem Sie alles aufschreiben, was Ihnen bei der Massage aufgefallen ist.
Sie können sich dann bei Ihrer nächsten Massage daran orientieren. Sie werden feststellen, dass es oft an der nötigen Ruhe gefehlt hat oder es für Sie schwierig war, sich so lange zu konzentrieren.

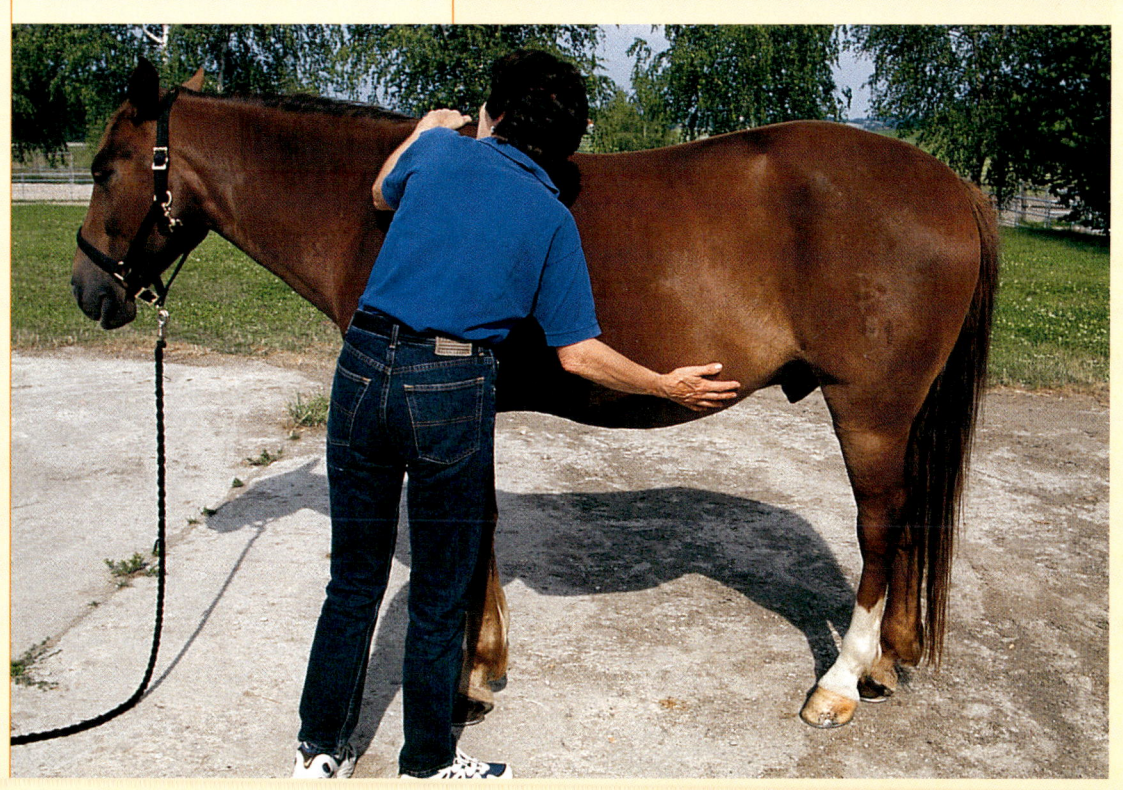

Es gibt auch Situationen, in denen Sie Ihr Pferd nicht massieren sollten. Aber gerade dann kann es besonders wichtig sein, die Kommunikation mit dem Pferd weiter aufzubauen.

Sie finden selbst recht schnell heraus, wo Ihr Pferd größeren Druck genießt (z.B. Kruppe, Oberschenkel) und wo es sanftere Berührung lieber hat (meist Hals und Ellenbogen). Die Empfindlichkeiten sind aber nicht immer gleich.

Bei Ihrem Pferd kann es ganz anders sein, deshalb sind Sie der Meister. Haben Sie aber Ihr Pferd einige Male massiert, dann wird es sich Ihnen immer mehr anvertrauen und sich genussvoll entspannen!

Wann darf nicht massiert werden?

Bei Krankheit des Menschen Wenn Sie sich schlecht fühlen oder krank sind, sollten Sie auf keinen Fall massieren. Sie würden sich dann zusätzlich Energie entziehen, die Sie selbst brauchen, um wieder gesund zu werden.

Bei Schmerzen und Krankheit des Pferdes Wenn ein Pferd dauerhaft Schmerzen zeigt, sollten Sie einen Tierarzt zu Rate ziehen. Schmerz kann der Ruf von unterversorgtem Gewebe nach besserer Versorgung sein, dann ist Massage richtig. Schmerz kann aber auch ein Alarmsignal bedeuten, das auf tiefer liegende Ursachen weist (z.B. Krankheiten von Organen usw.). Warten Sie die exakte Diagnose ab.

Pferde mit Herzproblemen sollten Sie nur mit leichtem Druck streichen. Bei ihnen darf die Durchblutung nicht angeregt werden, weil durch die eingeschränkte Herztätigkeit ein Transportproblem des Blutes besteht. Stärkere Durchblutung würde das Problem vergrößern.

Akute Entzündungen Massieren sollten Sie nicht bei akuten Entzündungen mit Beteiligung von Bakterien, Viren, Pilzen. Hier besteht die Gefahr der Ausstreuung der Krankheitserreger auf den ganzen Organismus.

Wann darf nicht massiert werden?

○ Wenn Sie sich schlecht fühlen oder krank sind.

○ Wenn Ihr Pferd über längere Zeit Schmerzen zeigt (Tierarzt!).

○ Wenn Ihr Pferd Herzprobleme hat.

○ Bei akuten Entzündungen mit Beteiligung von Bakterien, Viren oder Pilzen.

○ Direkt nach der Wurmkur oder nach der Impfung.

Direkt nach der Wurmkur oder Impfung ist von einer Massage abzuraten, denn der Organismus hat schon genug mit dem Verabeiten des Impfstoffes zu tun. Warten Sie lieber zwei Tage.

Zum Schluss wünsche ich Ihnen ein „gutes Händchen" für Ihre Massagen. Sicherlich ist es nicht leicht, eine so spürsame Tätigkeit wie Massieren aus einem Buch zu lernen. Viele Fragen werden auftauchen und vielleicht wird der Wunsch entstehen, mehr zu erfahren. Dann empfehle ich Ihnen, einen Kurs zu besuchen, in dem Sie Ihre Themen und Fragen direkt ansprechen können. Über das Handwerkszeug verfügen Sie nun und können Ihrem Pferd helfen, sich besser zu bewegen und sich richtig wohl zu fühlen.

Zum Weiterlesen

Bücher

Bartz, Jürgen:
Bis der Tierarzt kommt.
Erste Hilfe für Pferde.
Kosmos Verlag, Stuttgart
2000.

Bender, Ingolf:
Praxishandbuch Pferde-
haltung. Kosmos Verlag,
Stuttgart 1999.

Bender, Ingolf:
Praxishandbuch Pferde-
fütterung. Kosmos Ver-
lag, Stuttgart 2000.

Berger, Margot:
Pferde füttern. Kosmos
Verlag, Stuttgart 2001.

**Borelle, Bea & Braun,
Gudrun:**
Bea Borelles Pferdetrai-
ning. Kosmos Verlag,
Stuttgart 2002.

**Dresel, Birgit & Gohl,
Christiane:**
Das schwierige Pferd.
Kosmos Verlag, Stuttgart
2002.

Gohl, Christiane:
Was der Stallmeister
noch wusste. Neue Tipps

rund ums Reiten. Kosmos
Verlag, Stuttgart 2002.

Gösmeier, Ina:
Akupressur für Pferde.
Kosmos Verlag, Stuttgart
1999.

Hawcroft, Tim:
Kosmos-Lexikon der Pfer-
dekrankheiten. Kosmos
Verlag, Stuttgart 1998.

Hoffmann, Marlit:
Marlit Hoffmanns neue
Tricks. Profi-Tipps für
Pferdehalter, Stuttgart
2001.

**Lind, Carola & Müller,
Karin:**
Der sechste Sinn. Zwie-
sprache mit Pferden.
Kosmos Verlag, Stuttgart
2001.

Mahlstedt, Dieter:
Akupunkt-Massage nach
Penzel am Pferd. Kosmos
Verlag, Stuttgart 1997.

**Meyerdirks-Wüthrich,
Ute:**
Bach-Blütentherapie für
Pferde. Kosmos Verlag,
Stuttgart 1998.

Podhajsky, Alois:
Meine Lehrmeister die

Pferde. Kosmos Verlag,
Stuttgart 2001.

**Rau, Burkhard und
Gisela:**
Der richtige Huf-
schutz für mein
Pferd. Kosmos Verlag,
Stuttgart 2001.

Schacht, Christian:
Pferdekrankheiten.
Kosmos Verlag,
Stuttgart 1999.

Schäfer, Michael:
Handbuch Pferde-
beurteilung. Kosmos
Verlag, Stuttgart 2000.

**Schmid-Neuhaus,
Angelika:**
Das große Fitnesspro-
gramm für Pferde. Kos-
mos Verlag, Stuttgart
2000.

Tellington-Jones, Linda:
TTOUCH und TTEAM für
Pferde. Kosmos Verlag,
Stuttgart 2002.

Tellington-Jones, Linda:
Die Linda Tellington-Jo-
nes Reitschule. Kosmos
Verlag, Stuttgart 1996.

Wittek, Cornelia:
Von Apfelessig bis Tee-

baumöl. Hausmittel und
Naturheilkräfte für
Pferde. Kosmos Verlag,
Stuttgart 2000.

Zoller, Kirstin:
Naturheilkunde für Pfer-
de. Kosmos Verlag, Stutt-
gart 2000.

Videos

Tellington-Jones, Linda:
Die Persönlichkeit Ihres
Pferdes. Stuttgart 2000.
Tellington-Jones, Linda:
TTEAM-Bodenarbeit.
Stuttgart 2000.

Nützliche Adressen

Deutsche Reiterliche Ver-
einigung (FN)
Freiherr-von-Langen-
Str. 13
48231 Warendorf
Tel. 02581-63620
Fax 02581-62144
fn@fn-dokr.de
www.fn-dokr.de

FS Reit-Zentrum Reken
Frankenstr. 37
48734 Reken
Tel. 02864-2434
Fax 02864-5860
fs.reitzentrum@

t-online.de
www.fs-reitzentrum.de

TTEAM Deutschland
Bibi Degn
Hassel 4
57589 Pracht
Tel. 02682-88 86
Fax 02682-66 83
bibi@TTEAM.de

TTEAM Österreich
Ruth ⟍ Martin Lasser
Anningerstr. 18
A – 2353 Guntramsdorf
Tel. 02236-47 000
Fax 02236-47 070
tteam.office@aon.at

TTEAM Schweiz
Doris Süess-Schröttle
Mascot Ausbildungs-
zentrum AG
CH – 8566 Neuwilen
Tel. 071-69 91 825
Fax 071-69 91 827
learn@mascot-ausbil-
dung.ch

Vereinigung der Freizeit-
reiter in Deutschland e.V.
(VFD)
Am Bauernwald 5b
81739 München
Tel. 0171-4201521
Fax 089-60608123
bundesvorstand@
vfdnet.de
www.vfdnet.de

Impressum

Umschlag von eStudio Calamar unter
Verwendung von vier Farbfotos von
Christof Salata / Kosmos (Hauptmotiv),
Klaus-Jürgen Guni / Kosmos, Christof
Salata / Kosmos, Angelika Schmid-
Neuhaus (kleine Motive)
Mit 82 Farbfotos und einer farbigen
Illustration.

Alle Angaben in diesem Buch erfolgen nach
bestem Wissen und Gewissen. Sie entbinden
den Pferdehalter nicht von der Eigenverant-
wortung für sein Tier und können insbeson-
dere die tierärztliche Untersuchung und Be-
handlung nicht ersetzen.

Die Deutsche Bibliothek –
CIP-Einheitsaufnahme
Ein Titelsatz für diese Publikation ist
bei Der Deutschen Bibliothek erhältlich

Gedruckt auf chlorfrei gebleichtem
Papier

© 2002, Franckh-Kosmos Verlags-
GmbH & Co., Stuttgart
Alle Rechte vorbehalten
ISBN 3-440-09054-X
Redaktion: Alexandra Haungs
Gestaltungskonzept: eStudio Calamar
Gestaltung & Satz: Atelier Krohmer,
Dettingen/Erms
Produktion: Kirsten Raue,
Markus Schärtlein
Reproduktion: Repro Schmidt, Dornbirn
Printed in Germany / Imprimé en
Allemagne
Druck und Bindung: Westermann
Druck GmbH, Zwickau

Bildnachweis

Farbfotos: Clarissa Busch (5: S. 13 re.,
19, 22, 35 re., 48), Panja Czerski (1: in-
nere Umschlagklappe), Felix von
Döring, (2: innere Umschlagklappe,
S. 34), Klaus-Jürgen Guni/Kosmos (4:
S. 6, 15, 16, 21), Horst Streitferdt/ Kos-
mos (4: S. 18 li., re., 47, 64), Horst
Streitferdt (1: S. 14), Angelika Schmid-
Neuhaus (16: innere Umschlagklappe,
S. 9 mi., 10, 12, 17 li., 24 –27), Anne Wit-
tich: (30: S. 9 re., 13 li., 33 re., 35 li., 38-
42, 51-59)
Alle anderen Fotos von Christof
Salata/Kosmos (24). Illustration von
Cornelia Koller (S. 36)

Autor und Verlag danken dem Landgestüt
Marbach herzlich für die großzügige
Unterstützung der Fotoproduktion mit
ihren Pferden und Reitern.